ニュースや会話で
使用頻度が激増中！

これから
の
英単語

スティーヴ・マックルーア 著

はじめに

英単語フロンティアへの旅に出よう!

何年も英語を勉強してきたあなたは、自分の英語力に自信を持っている
かもしれません。

しかし時には、障害物、つまり、理解できない新しい語彙や表現に出合
うことがあります。それらはまだ辞書に載っていないかもしれません。

私は、ライター・編集者として35年間日本で仕事をしているので、あ
なたのフラストレーションがよくわかります。だからこそ、私はこの本
を、あなたがそのような障害物を乗り越え、よりスムーズに、そして楽
しく英語を理解できるようにするために書きました。

あなたは、仕事で使う英語のスキルを向上させたいと思っているかもし
れません。インターネットやSNSの普及で、新語の誕生と変化が加速
している昨今、それはかつてないほど困難になっています。また、私の
ように言語好きで、新しい言葉や表現を学ぶことに特別な喜びを感じる
人もいるでしょう。生き生きとして、魅力的で、想像力に富んだ新しい
語彙は、人類の無限の創造力の素晴らしさを教えてくれます。

本書では、政治、ビジネス、ポップカルチャー、科学技術、そしてもち
ろん新型コロナウイルスの大流行に関するトピックを取り上げており、
多くの新しい表現が使われるようになったのを知ることができます。本
書は、熱心な英語学習者から、ビジネスパーソン、英語メディアの愛読
者、そしてシンプルに言語が好きな人まで、どなたでも楽しんでいただ
けるはずです。

ぜひ、私と一緒に英単語最先端への旅に出て、語彙の障害物を乗り越え
ていきましょう。

スティーヴ・マックルーア
Steve McClure

目次

01 | Social media / Online
SNS・インターネット

02 | Health / Lifestyle
健康・ライフスタイル

03 | Politics
政治

04 | Gender / Sexuality
ジェンダー・性

05 | Business / Economics
ビジネス・経済

06 | Pop culture
ポップカルチャー

07 | Environment
環境

08 | Society / Everyday conversation
社会・日常生活

09 | Science / Technology
科学・技術

10 | Insults / Compliments
侮辱言葉・褒め言葉

本書の特徴

10 のテーマごとに、最新の語彙と最新の使い方の解説、
その例文を A to Z 順で掲載しています。
音声も収録しましたので、リスニングや発音確認にお役立てください。

1 今、最も気になるテーマ 10

日々の最新ニュースに精通する著者が、激動の時代を象徴する、今、最も気になるテーマを選び出しました。

2 激動の時代の最新語彙 500

激動の時代を乗り切るために必要な、最新のキーワードを、メディアや日常生活から著者が厳選。ニュースやネイティブ同士の会話に登場する最新語彙が読める・聞き取れるようになります。辞書にも載っていない語彙もたくさんあります。

3 辞書にない「由来と使い方」

最新語彙の由来や成り立ちを、著者が噛み砕いてわかりやすく解説しました。古くからある語彙が時代を経て新しい使われ方をしている場合も取り上げています。

4 実際に使われている生の例文

各種メディアに詳しい著者が、各語彙の実際の使用例をメディアや日常会話から抽出しました。

5 語彙と例文の全音声を収録

各語彙とその使用例である例文をすべて、著者自らが読み上げて音声収録しました。全音声は無料でダウンロードできます（p. 6 参照）。

本書の使い方

10 のテーマごとに、最新の語彙と最新の使い方の解説、
その例文を A to Z 順で掲載しています。
音声も収録したので、リスニングや発音確認にお役立てください。

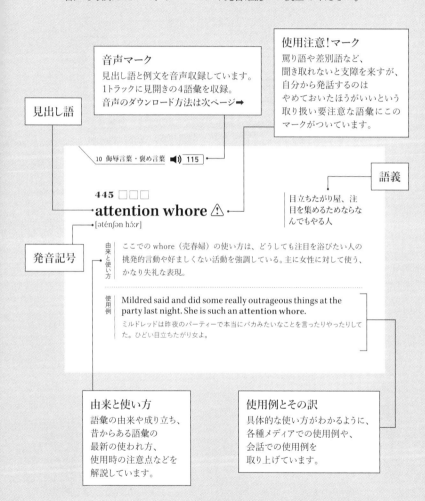

使用注意！マーク

罵り語や差別語など、
聞き取れないと支障を来すが、
自分から発話するのは
やめておいたほうがいいという
取り扱い要注意な語彙にこの
マークがついています。

音声マーク

見出し語と例文を音声収録しています。
1トラックに見開きの4語彙を収録。
音声のダウンロード方法は次ページ➡

見出し語

10 侮辱言葉・褒め言葉 ◀)) 115

語義

目立ちたがり屋、注目を集めるためならなんでもやる人

445 □□□
attention whore ⚠
[əténʃən hɔ́ːr]

発音記号

由来と使い方
ここでの whore（売春婦）の使い方は、どうしても注目を浴びたい人の
挑発的言動や好ましくない活動を強調している。主に女性に対して使う、
かなり失礼な表現。

使用例
Mildred said and did some really outrageous things at the
party last night. She is such an attention whore.
ミルドレッドは昨夜のパーティーで本当にバカみたいなことを言ったりやったりして
た。ひどい目立ちたがり女よ。

由来と使い方

語彙の由来や成り立ち、
昔からある語彙の
最新の使われ方、
使用時の注意点などを
解説しています。

使用例とその訳

具体的な使い方がわかるように、
各種メディアでの使用例や、
会話での使用例を
取り上げています。

無料　本書の英語音声の入手方法

スマートフォンやパソコンに無料でダウンロードできます。

スマートフォンの場合

英語学習アプリ booco【無料】

リピート再生や再生速度変更、数秒の巻き戻し・早送り再生、学習記録、目標設定などが可能です。また、電子版の購入もできます。

【手順】

❶ 英語学習アプリ boocoのダウンロード

スマホに、アルクが無料提供しているアプリ英語学習 booco をダウンロード。
※ App Store、Google Play から「booco」で検索

❷ 本書を探す

ホーム画面下の「探す」ページで、書籍名、商品コード 7021062、著者名で検索。

❸ 本書の音声をダウンロード

パソコンの場合

以下のサイトで本書の商品コード 7021062 で検索してください。

アルクのダウンロードセンター
https://www.alc.co.jp/dl/

Social media/Online

SNS・
インターネット

インターネットが生活に定着し、さまざまな SNS の登場で、オンライン上の語彙は変化し、増え続けています。ネイティブ同士では当たり前でも、日本人には意外になじみのない語彙や使い方がたくさん登場します。

001 ☐☐☐
antistalk
[ǽntaistɔ́:k]

逆ストーキングする

由来と使い方 | 誰かを避けるために、その人の日課や行動を詳細に調べること。antistalking は一般的に「対ストーキング、ストーカー対策」というストーカーへの防御の意味合いで使われるが、俗語では、受け身ではなく積極的に行動を取ることを表す。

使用例 | I'm antistalking Brad. I never want to see that sick, evil loser again!
ブラッドを逆ストーキングしてるのよ。二度とあの悪どい負け犬の顔を見たくないから!

002 ☐☐☐
asl
[éiésél]

年齢、性別、住所
= age, sex, location

由来と使い方 | オンラインデートやオンラインチャットでよく使われる。SNS時代に頭文字語がいかに発達したかが分かる一例。特に、ツイッターのような 280 字（日本語だと 140 字）という制限があるプラットフォームで頭文字語が生まれている。

使用例 | When I asked her for her asl, she said that was too personal, and she suddenly ended our chat.
asl を聞いたら、個人的なことを聞きすぎるって、突然チャットを打ち切られた。

003 □□□
atm
[éití:ém]

今
= at the moment

由来と使い方

チャットルームやメッセージサービスで一般的に使われている。同じ意味を持つ3文字の単語 now の存在をすっかり忘れてしまったようだ。

使用例

(in text chat)
Luv 2 chat more but busy **atm**.

（チャットで）
もっとチャットしてたいけど、今忙しいんだ。

004 □□□
autofail
[ɔ́:təfèil]

オートコレクト機能による不適切な変換

由来と使い方

スペルミスをした際、オートコレクト（自動校正）機能でプログラムが自動的に修正したはいいが、意図した単語とスペルの似た別の（ばかげた、あるいは不快な）単語に修正してしまうことがある。テクノロジーを信頼し過ぎないこと、メールを送信する前にきちんと読み直すことが肝心。

使用例

"'Happy birthday to my beautiful great-granddaughter,' the message read. 'See you soon. Love, Great Grandmaster Flash.' Great Grandmaster Flash?! It was the PG version of what's come to be known as the **autofail**." (New York Times)

「かわいいひ孫娘へ。お誕生日おめでとう。またね。愛を込めて。Great Grandmaster Flash」とメッセージに書かれてたの。グレート・グランドマスター・フラッシュ（有名なラッパーの名前）だって!?　それは、いわゆるオートフェイルのPG（保護者の指導が必要）版ってやつだったわけ。

005 ☐☐☐
blogosphere
[blɑgásfìər]

ブロゴスフィア、ブログ圏

由来と使い方

ブログやネット繋がりで成り立つオンライン空間や仮想のコミュニティー。sphere は「(地球などの)球体」から「範囲、領域」を意味する語。blogoshere は atmosphere(雰囲気)とも韻を踏んでおり、ブログ空間にいる人たちの共通認識や環境全体、というイメージも伝える。

使用例

Everyone in the **blogosphere** is talking about Kim Kardashian's new diet since she talked about it on her blog yesterday.

キム・カーダシアンが昨日ブログで新しいダイエットを話題にしてから、ブログ圏の皆がその話をしている。

---

006 ☐☐☐
brb
[bíːáːrbíː]

すぐに戻る
= be right back

由来と使い方

ツイッターなどの SNS で多用される便利な 3 文字熟語。広く使われているので、大抵の場合、失礼だとも無愛想だとも思われることはない。

使用例

(in text chat)
A: Want to talk about the new client we've signed up.
B: Just got a call from New York ... **brb**.

(チャットで)
A:契約したての新しい顧客について話したい。
B:今ニューヨークから電話がかかってきた。後でまた。

007 ☐☐☐
breadcrumbing
[brédkràmiŋ]

その気もないのに気
を引くこと

由来と使い方 | 鳥などの動物をおびき寄せようと小道にパン屑をまく様子から。例えば、オンラインの出会い系サイトで実際には会う気も関係を持つ気もないのに、相手をその気にさせるようなそぶりを見せることを言う。

使用例 | Janie was heartbroken when she finally realized the guy she'd been having hot romantic chats with online was just breadcrumbing her.
ジェニーは、オンラインで恋愛気分でチャットしてた相手にその気がなかったと分かって傷心だった。

008 ☐☐☐
CAPTCHA
[kǽptʃə]

キャプチャ
= completely automated public Turing test to tell computers and humans apart

由来と使い方 | 「コンピューターと人間を見分ける完全に自動化された公開チューリングテスト」の意味（チューリングテストとは、コンピューターが人間をどれだけ真似られるか調べるテスト）。ゆがんだ文字を読み取る、欠けた画像にピースをはめるなど、人間にはできるがコンピュータープログラムにはできないことをさせて、bot (417) などのアクセスを防ぐもの。

使用例 | For some reason, I find CAPTCHA tests hard. I always click on the wrong square when I'm asked to click on the squares where there's a bus, or whatever.
どういうわけか、キャプチャ・テストが苦手なんだ。バスだかなんだかがあるマスをクリックしろって指示されても、いつも間違ったのをクリックしちゃうんだ。

009 □□□
catfish
[kǽtfɪʃ]

ネット上で身分を偽る
人、うその個人情報
でだます

由来と使い方 | 名詞でも動詞でも使われる。ある若者がオンラインで19歳の女性とやりとりしていたはずが実は相手は40代だった、という経緯を追ったドキュメンタリー映画『Catfish』に由来する。女性には漁師の夫がいて、ナマズ（catfish）がタラの活動を刺激する、という俗説を語ったことがタイトルになっている。

使用例 | She was **catfished** into providing revealing photos of herself to a woman who had posed online as a man.

彼女はネットのなりすましに引っ掛かって、オンラインで男性を名乗っていた女性に自身の裸の写真を送ってしまった。

010 □□□
Churchillian drift
[tʃəːrtʃíliən drίft]

有名人の名言とされ
るもの、うその引用

由来と使い方 | 無名の人や時代とともに忘れられた人の名言を、チャーチルのような有名人の発言であるかのように誤引用すること（内容そのものがウソの場合もある）。人々は、自分の政治的立場やイデオロギーに合わせて、都合のいい有名人の名を使ったり、引用自体をでっちあげたりすることがあるのだ。

使用例 | "Don't believe everything you read on the internet" is a popular internet meme jokingly attributed to Abraham Lincoln that mocks the phenomenon of **Churchillian drift**.

「チャーチルが言ったとされる名言」現象をネタに、「ネットで読んだもの全てを信じてはいけない」がエイブラハム・リンカーンの引用だとするジョークはインターネットの定番ミームだ。

011 ☐☐☐
clickbait
[klíkbèit]

クリックベイト

由来と使い方
ユーザーがついクリックしたくなるリンク。マウス操作を表す語として click が使われ始めたころに生まれた語。bait(餌)は、小売業界で以前から使われてきた用語で、魅力的な価格や値引きを提示して人々の注意を引くテクニックを表している。

使用例
"The rising popularity and ubiquitous nature of clickbait has led to many to consider it a dishonest strategy, that underdelivers on the expectation it builds up." (Techopedia)

クリックベイトが台頭しどこにでも現れるようになったことから、多くの人がそれを、期待させたほどの結果につながらない不誠実な戦略であると考えるようになった。

---

012 ☐☐☐
crickets
[kríkits]

沈黙

由来と使い方
夜に唯一聞こえてくるコオロギ(crickets)の鳴き声は、「寝静まっている」「他に物音がしない」ことにつながり、「沈黙」「返答なし」を表すメタファーとして普及した。反応や返答を求めるコメントをしても応答する人が現れないとき、"crickets."(沈黙かよ)といら立ちを表現することもある。

使用例
I wrote a long post on Facebook explaining to Adrian and his friends why I don't agree with their position on abortion, and what did I get as an answer? Crickets.

エイドリアンと彼の友達に、私がどうして彼らの堕胎に関する意見に同意できないかを長々とフェイスブックに書いたのに、何が返ってきたと思う? 沈黙よ。

013 □□□

dark web
[dáːrk wéb]

ダークウェブ

由来と使い方
通常の検索では見つけられず、アクセスするために特別なブラウザの使用が必要なインターネットの領域。犯罪の温床となっており、クレジット番号、麻薬、銃、偽札や他人のコンピューターに侵入するソフトウエアなどの売買が行われている。

使用例
"The **dark web** provides a memorable glimpse at the seamy underbelly of the human experience – without the risk of skulking around in a dark alley." (Cyber Security Online)
ダークウェブは、人間の経験の中の、記憶に残るような浅ましい恥部を見せてくれる——暗い裏道をこそこそする危険を冒すことなく。

014 □□□

deepfake
[díːpfèik]

ディープフェイク

由来と使い方
写真や映像の人物を合成で他人にすり替えたもの。写真の発明以来、人々は偽画像をこしらえ続けているが、この種の視覚的詐欺行為は技術的進化を遂げ、察知がより困難になっている。このdeepは、見抜くのが「難しい」という意味。セレブの偽ポルノ動画やフェイクニュースなど悪質なものが多く、注視されている。

使用例
"**Deepfakes** came to prominence in early 2018 after a developer adapted cutting-edge artificial intelligence techniques to create software that swapped one person's face for another."
(BBC)
2018年初めにある開発者が最先端の人工知能技術を応用して人の顔を他人のそれと取り替えるソフトを制作したことから、ディープフェイクが注目されるようになった。

015 □□□
digilante
[dídʒəlǽnti]

デジタル制裁人

由来と使い方

「自警団員」「犯罪者に私的制裁を与える人」を意味する vigilante の、最初の文字 v- を d- に変えたもの。digital の digi- ともうまく合わさった合成語である。デジタルツールやデジタルスキルを使って非公式な制裁や復讐を行う者を言う。

- -

使用例

"... the self-professed **digilantes** of our day – the kids who spam your chat rooms, flood your *Minecraft* worlds, and cripple your web servers for sport." (Wired)

この時代のデジタル制裁人を自称するのはガキどもで、あなたのチャットルームにスパムを送りつけたり、あなたのマインクラフト世界をあふれさせたり、面白半分にあなたのウェブサーバーをダメにしたり…

---

016 □□□
digital detox
[dídʒətl díːtɑks]

デジタルデトックス

由来と使い方

ドラッグやアルコールを断つ「解毒療法」をデジタル機器に当てはめたもの。スマートフォンや PC、SNS などを完全に断ち、ストレスを軽減させたり現実世界での社会的交流に意識を向けて過ごしたりすることを言う。デジタル機器に触れる時間が増え過ぎると健康に害があることから、toxic (有毒) と見なしている。

- -

使用例

Betsy was spending almost every waking hour on her smartphone, so her mom forced her to go through **digital detox**.

ベッツィーは起きている間中スマホをいじってばかりだったので、母親にデジタルデトックスを強制された。

017 □□□
digital tattoo
[dídʒətl tætúː]

デジタルタトゥー

由来と使い方

タトゥーすなわち入れ墨は、周知の通り消すのが困難で痛いが、近年若者の間ではかっこよくてオシャレだと認識されている。しかし、年をとるにつれ、若かりし頃に入れたタトゥーが恥ずかしくなってくる人も多い。オンライン上にある個人のコメントや画像などの履歴も同様で、後になって後悔しても消し難いということ。

使用例

Isabel was so afraid people would see her **digital tattoo** when they checked her out online. She had posted so many dumb and offensive things on Facebook when she was in college, for example.

イザベルはオンライン履歴が調べられて自分のデジタルタトゥーが人に見られるのではないかとビクビクしていた。例えば、大学時代にフェイスブックに愚かで侮辱的な投稿をたくさんしていたのだ。

018 □□□
distance learning
[dístəns lɔ́ːrniŋ]

遠隔教育

由来と使い方

家で授業や教育講座を受けること。大抵の場合、オンラインで受講することを指す。言葉自体は新しくないが、コロナ禍でさらに普及した。学生たちが家で授業を受けなければならなくなったことから、新たな重要性を持つようになった語。

使用例

Roberta has been making steady progress in her studies even though she's stuck at home thanks to her school's excellent **distance learning** program.

ロベルタは家から出られなかったが、学校の卓越した遠隔教育プログラムのお陰で、学習面で着実に力をつけてきている。

SNS・インターネット

019 ☐☐☐
doomscroll
[dúːmskróul]

ドゥームスクロールす
る、オンラインで悪い
情報ばかり探す

由来と使い方 | doomは「(避けがたい) 運命」、scrollはスマートフォンなどの電子機器で「スクロールする」つまり「情報を次から次へと読む」ことを表す。この2語を合わせたdoomscrollは、例えば陰謀論を信じてしまった人が過激派のウェブサイトなどで自らの思い込んだ世界観を補強してくれるような情報を探す様子を表している。

使用例 | I'm worried about Valerie. When she went into lockdown because of the pandemic, she spent all her time **doomscrolling**, and now she believes the most extreme, craziest conspiracy theories about how the world is going to end soon.

ヴァレリーのことが心配なの。パンデミックでロックダウンになった時、彼女ドゥームスクロールしっぱなしで、今じゃ世界の終わりが近づいてるっていうすごく極端で常軌を逸した陰謀論を信じきってる。

020 ☐☐☐
down the rabbit hole
[dáun ðə rǽbit hóul]

ウサギの穴に落ちて、
不条理な世界に迷い
込んで

由来と使い方 | 新しい表現ではない。「不思議の国のアリス」でアリスがウサギ穴に落ちる話を基にして、広く隠喩的意味で使われている。オンライン世界のウサギ穴は、「夢中になって時間を費やす話題」のことだったが、近年は、Qアノンのような陰謀説にはまり込むことを表して使われている。

使用例 | Jimmy used to be a really rational, skeptical guy. But it looks like he's fallen **down the proverbial rabbit hole**.

ジミーは以前はとても理性的で懐疑的な男だった。が、例のウサギ穴に落ちてしまった。

021 ☐☐☐

dox
[dɔ́ks]

(他人の)個人情報を
ネットにさらす

由来と使い方 documents（文書、資料）の略語 docs のスペルを変えたもの。doxx と
つづることもある。drop docs（個人情報の書かれたものをネットに投下
する）という表現もあるが、dox 一語でこの意味を表す。

使用例 "**Doxxing** is a low-level tactic with a high-impact outcome: it
often does not require much time or many resources, but it
can cause significant damage to the person targeted." (New York
Times)

「ドキシング」は、レベルの低い策略ながらインパクトの大きな結果をもたらす。往々
にして多くの時間も資源も必要としないが、狙われた当人に与えるダメージは相当な
ものになる。

022 ☐☐☐

excremoji
[ékskrəmódʒ]

ウンチ絵文字

由来と使い方 excrement（排泄物、大便）と emoji（絵文字）の合成語。一般には幼児
語 poop をそのまま使った poop emoji（ウンチ絵文字）という。表情豊
かな顔がつくなどバリエーションが豊富で意外に人気があることから、
こうした言葉まで生まれたようだ。

使用例 Carl upset Vivian when he used some **excremojis** in his email
to her about her culinary skills. She won't invite him to her
place for dinner again.

カールはメールでヴィヴィアンの料理の腕前の話をするときにウンチ絵文字を幾つか
使い、彼女を怒らせてしまった。二度と彼女の家の夕食には招かれないだろう。

023 ☐☐☐
Facebook stalk
[féisbùk stɔ́:k]

フェイスブック上でつきまとう、ネットストーキングする

由来と使い方 | 2004年のフェイスブックの登場後に生まれた俗語。フェイスブックだけでなくインスタグラム、リンクトイン、ツイッター、グーグルなどを使ったストーキング行為全般にもこの語を使える。Insta-stalk等の類語もある。

使用例 | "The Ingeniously Creepy Ways People Are Facebook Stalking You" (headline, The Thrillist)
ネットストーキングする人々の巧妙で不気味な方法

---

024 ☐☐☐
firehose
[fáiərhòuz]

ファイアホース、全リアルタイムデータを一気に取得すること

由来と使い方 | 本来の意味は「消防ホース」。例えばそのとき公開されている全てのツイートがリアルタイムで一気に届くことを、消防ホースから吹き出される膨大な水量になぞらえている。ビッグデータを活用したい企業のためのサービスだが、「一斉に届く大量の情報」という意味でも使われる。

使用例 | What marketers who send out massive amounts of unsolicited emails don't realize is that people at the other end of this **firehose** of data – email providers, companies, and individual users – have to spend time and money dealing with those annoying and persistent emails.

一方的なメールを膨大な数送りつけているマーケターたちは、この消防ホースの放水のような膨大なデータを受け取る側の人々（メールプロバイダー、企業、個人ユーザーら）がこうした腹の立つしつこいメールに対処するために時間とお金を使わなければならないことを理解していない。

025 ☐☐☐
flexing on Insta
[fléksiŋ ən ínstə]

インスタグラムで見せ
びらかすこと

由来と使い方
flex one's muscles（［腕を曲げて］力こぶを作る、筋肉を見せつける）
というフレーズに基づく表現。写真投稿 SNS の Instagram を Insta（イ
ンスタ）と省略するのは英語も日本語も共通。

使用例
After Jodie took those selfies of her posing in her bikini at the beach, she couldn't stop **flexing on Insta**.

ジョディーはビーチでビキニ姿でポーズを決めてセルフィーを撮った後、インスタに
上げて見せびらかすのを思いとどまることができなかった。

026 ☐☐☐
follow the breadcrumbs
[fálou ðə brédkrʌ̀mz]

パンくずをたどる、情
報の痕跡やリンクを
次々とたどる

由来と使い方
breadcrumb（パンくず）は「ヘンゼルとグレーテル」の童話からの比喩。
政治的な、そして大抵は否定的な文脈で使われる。パンくずを追ってい
くと、ネットの暗い部分に潜む不合理な陰謀論に行き着いてしまうこと
も多い。

使用例
Tristan started to **follow the breadcrumbs** online when he was self-isolating, and they led him to some very fringy websites.

トリスタンは外出自粛中にオンラインでパンくずをたどり始め、ひどく傍流のサイト
にたどり着いてしまった。

027 □□□

friend
[frénd]

（SNSで）友達リストに入れる、友達承認する

由来と使い方 | friendにはかつて「〜の友となる」という動詞の用法があったが、この廃れた意味が現代の新しい文脈の中でよみがえったといえる。フェイスブックの登場により、動詞として使用することが広く一般化した。反対語は unfriend（友達リストから外す）。

使用例 | I was really happy when Jane **friended** me, because she's very picky about who she adds to her list of friends on Facebook.
ジェインが私を友達リストに入れてくれてすごくうれしかった。だって彼女、フェイスブックの友達リストに入れる人をすごく選ぶから。

028 □□□

gamification
[gèimifikéiʃən]

ゲーミフィケーション、ゲーム化

由来と使い方 | サービスやソフトウエアにゲーム要素を取り入れて、ユーザーの目的達成の後押しをしたり、ユーザーの行動を誘導したりすること。ウェブサイトで情報を入力してもらうために、入力した項目数に合わせて色のついた部分が伸びていくプログレスバーを付けて達成感を持たせるなどもその一例。

使用例 | My friend the website designer says he finds the concept of **gamification** exciting because it's fun – and is a great way for businesses to get user data.
友人のウェブデザイナーはゲーミフィケーションのコンセプトは面白いと言う。なぜなら楽しいし、企業がユーザーのデータを集めるうまいやり方でもあるからだ。

029 ☐☐☐
ghost
[góust]

（デジタル空間で）相
手との接触を断つ

由来と使い方 │ サイバーストーキングへの対処行動。特に元の恋人によるオンラインで
の嫌がらせに対する防護策として、SNSをブロックしたり携帯電話を着
信拒否にしたりして一切の連絡を取れないようにすること。

使用例 │ Last week, the Washington Post published an essay examining
how common it has become to end a relationship (romantic,
friendly or even familial) by disappearing. We heard from
dozens of readers with their own stories of having been
ghosted, or doing the **ghosting** themselves.

先週、ワシントンポスト紙は、「消える」ことによる（恋愛の、友だちのような、ある
いは家族のような）人間関係の終わらせ方がどれだけ一般的になったか検証する
エッセイを載せた。数十人の読者から、連絡手段を断たれた、あるいは自分が断っ
たという話を聞き取った。

030 ☐☐☐
GIFification
[gífifikéiʃən]

GIF化する、動画を
GIFに変換する

由来と使い方 │ GIFはGraphics Interchange Formatの略。画像の保存形式だが、
GIF画像をコマ送りでつなげた短い動画をシェアするのが人気になって
いる。接尾辞-ificationは「〜化する、〜に変化させる」という意味を
持つ。

使用例 │ Ben is obsessed with **GIFification**. He goes through his own
video clips as well as ones he finds online to turn them into
GIFs that he either posts online or sends directly to his friends
and family.

ベンはGIF変換に夢中だ。自分のビデオ映像だけじゃなくてオンラインで見つけた
のもGIFにして、オンラインに上げたり、直接友達や家族に送りつけたりしている。

031 ☐☐☐
Godwin's law
[gádwinz lɔ́ː]

ゴドウィンの法則

由来と使い方

「オンラインで（政治的）議論が長く続くと、参加者が相手をヒトラーやナチスに例えるようになる」という、アメリカの弁護士マイク・ゴドウィンが提唱した法則。その状態になったら本題は見失われているので「ゴドウィンの法則だ」の一言で議論は切り上げられる。オンライン上の政治的議論がいかに敵意に満ちたものになり得るかがよく表れている。

使用例

I used to think **Godwin's law** was just a stupid joke, but when a guy I was arguing with on Facebook suddenly called me a Nazi, I realized how true Godwin's observation was.

ゴドウィンの法則なんて単なるばかな冗談だと思ってたが、フェイスブックで議論してた相手が突然俺のことをナチ呼ばわりし始めたんで、ゴドウィンの観察は本物だったと分かったよ。

---

032 ☐☐☐
haha
[hàːháː]

短い笑い声

由来と使い方

カジュアルな話し言葉で使われてきた表現。あまり真面目に受け取らないでほしい、と言う意味合いで文末に付けることも。メールやSNSでは、語調やニュアンスが伝わりにくいため、このような語を付けて感情を表したり、親しみやすさを加えたりする。

使用例

I thought the band could have played better. **Haha.**

あのバンドの演奏はイマイチだと思ったな（笑）。

I think you may have had a bit too much to drink. **Haha.**

君、ちょっと飲みすぎちゃったんじゃない（笑）。

033 □□□

hyperlocal
[háipərlóukəl]

超ローカルな、超地域密着型の

由来と使い方 ジャーナリストが長く使ってきた言葉だが、オンラインメディアの発達とともに一般語彙の仲間入りをした。マーケターの間で、GPSデータを使って特定地域内にいる人にターゲットを絞ったり、地元密着型広告を打ったりすることで、はやりの言葉となった。

使用例 "A number of Web start-up companies are creating so-called **hyperlocal** news sites that let people zoom in on what is happening closest to them, often without involving traditional journalists." (New York Times)

ウェブ関連のスタートアップ企業の多くがいわゆる超ローカルなニュースサイトを作っていて、しばしば既成のジャーナリスト抜きで、身近で起きている出来事に人々の目を向けさせている。

034 □□□

I can't even
[ái kænt íːvən]

言葉も出ない

由来と使い方 I can't even begin to describe how surprised（どれだけ驚いたか説明しようにも説明できない）などと言うところを短くした形。スタンダードなフレーズを短くしたものがオンライン上で広く用いられるようになった例。

使用例 (in text chat)
A: What do you think of my new hairstyle?
B: I mean, like ... I can't even ...

（チャットで）
A：新しいヘアスタイルどうかしら？
B：そうだね、まあ…なんと言えばいいか…

035 ☐☐☐
identity theft
[aidéntəti θéft]

個人情報泥棒、なり
すまし犯罪

由来と使い方

犯罪者が他人になりすまして詐欺をすることは何も目新しいことではないが、近年はインターネットやオンライン取引の増加に伴い、個人情報を盗んでその人になりすますという、より巧妙で新しい手口になってきている。

使用例

"Cybercriminals are diversifying their targets and using stealthier methods to commit **identity theft** and fraud – and no one is immune. If you have a Social Security number, you are a target." (CNBC)

サイバー犯罪者は、ターゲットを多様化させ見つかりにくい手口を使って、なりすまし犯罪や詐欺を行っています。誰もが被害者になり得ます。社会保障番号を持っているだけで、あなたはターゲットなのです。

036 ☐☐☐
iggy
[ígi]

無視する

由来と使い方

オンラインチャットルームで他のメンバーを無視して返事をしない時によく使われる。ignore（無視する）という動詞を短くして接尾辞 -y を付けることで、人を無視するという失礼な行為を少しだけ和らげている。

使用例

I tried to chat with an interesting-sounding girl on a dating chat site, but she totally **iggied** me.

出会い系チャットサイトで面白そうな娘がいたんで話しかけてみたんだけど、全く相手にしてもらえず。

037 □□□
imageboard
[ímidʒbɔ̀ːrd]

画像掲示板

由来と使い方

オンライン掲示板に画像をアップする機能を付けたもの。人々が匿名で画像やコメントを寄せることができる。4chanや8chanといった世界的な画像掲示板サイトは、言葉の暴力やヘイトスピーチの温床にもなっている。

使用例

Julian used to be a levelheaded kind of guy, but ever since he started reading stuff posted on online imageboards, he's become an insane, racist conspiracy theorist nutcase.

ジュリアンは以前は分別のある男だったのに、ネットの画像掲示板に載っているものを読むようになってから、まともじゃない人種差別主義の陰謀論者になってしまった。

038 □□□
IMHO
[áiémëitʃóu]

私見ですが、私に言わせていただければ
= in my humble opinion

由来と使い方

オンラインチャットやディスカッションで使われ始めた語。オンライン発の多くの表現同様、今では日常会話でも使われるようになっている。in my humble opinionという表現自体は以前から議論時に丁寧さを表すために使われていたが、頭文字のみで表すようになったのは最近のことである。

使用例

Well, I hate to disagree with you, but capital punishment is wrong, IMHO.

ええと、あなたに反論したくはないのですが、私の意見としては、死刑制度は間違っていると思います。

039 ☐☐☐

interweb

[íntə:*r*wéb]

インターウェブ

由来と使い方
Internetと、その古い呼び方のWorld Wide Webの合成語。古い言い方を混ぜ込むことで、かわいらしい響きになる。また、IT関係に疎い人に対して、ちょっと皮肉まじりに使うこともある。

使用例
Gosh, Bobby, don't tell me you found that information all by yourself on the **interweb**?

おっと、ボビー君、まさかインターウェブで自力でこの情報を見つけ出したって言うんじゃないよね?

---

040 ☐☐☐

IoT

[áioutí:]

モノのインターネット
= Internet of Things

由来と使い方
インターネットの発達により、家電などの日用品をネットワークにつなげて、データの送受信をしたり離れた場所から作動の指示を出したりできるようになった。現在ではビジネスやテクノロジーに関するジャーナリズムで一般的に使われている。

使用例
The **IoT** can be applied to things like transportation networks in "smart cities," which can help us reduce waste and improve efficiency for things such as energy use, thus helping us understand and improve how we work and live.

IoTは「スマートシティー」内での物流ネットワークのようなものにも応用できる。それは無駄の削減やエネルギー消費などの効率改善に役立てることができ、私たちの働き方や暮らし方への理解と改善の助けになる。

041 □□□
-jacking
[dʒǽkiŋ]

ジャックすること、（売り込みのために）コンテンツを乗っ取ること

由来と使い方 | hijack（ハイジャックする）や carjacking（カージャック）のように、何かを不法に乗っ取ることを意味する。自分や会社の知名度を上げるためにニュースを利用するのは newsjacking、商品やサービスを売り込むために人気のミーム（048）を勝手に利用することは memejacking と呼ばれる。

使用例 | "The most successful instances of **memejacking** for marketing occur when a meme is at its tipping point – it's started to spread wildly, yet few have hijacked it." (The Agency)

ミームジャッキングによるマーケティングが最も成功するタイミングはミームが転機を迎えた頃 —— 拡散が始まったがまだほとんどハイジャックされていないという時だ。

042 □□□
joyscrolling
[dʒɔ̀iskróuliŋ]

ジョイスクローリング、オンラインで楽しい情報を探すこと

由来と使い方 | アイスランドの観光当局がパンデミック中に、自国の楽しいイメージを紹介して人々を元気づけ観光を促進するために造語したと言われる。doomscrolling（019）と対極にある言葉だが、楽しい情報と気のめいる情報のどちらを探すにせよ、私たちの多くがデジタルメディアのとりこになっていることを端的に表している。

使用例 | "Taking the time to engage with positive content can have an almost instantaneous impact on our emotional state, so **joyscrolling** is the perfect antidote [to bad news]." (Travel and Leisure)

ポジティブなコンテンツに接する時間を取ることは人間の情動に即効性があるので、ジョイスクローリングは(悪いニュースに対する)パーフェクトな解毒剤だ。

043 □□□

just sayin'

[dʒʌstséiin]

言ってみただけ

由来と使い方
自らの発言や投稿内容が反感を買いそうだったり失礼な内容だったりした場合に、「別に本気でそう思っているわけではないが」と予防線を張る表現。

使用例
I think Beyonce's new fashion style is in very poor taste – just sayin'.

ビヨンセの新しいファッションスタイルってかなりひどいと思うんだけど—— ってちょっと言ってみたりして。

044 □□□

livestream

[láivstrìːm]

ライブ配信する

由来と使い方
収録しておいてから配信するタイプのオンライン番組と対比するために使う語。双方向のリアルタイムのストリーミングのことを指すこともある。

使用例
Margaret was so happy when she found that the bowling tournament was being livestreamed online, because none of the major TV networks were covering it.

マーガレットはそのボウリングの大会がオンラインでライブ配信されていることを知って大喜びだった。大手テレビネットワークのどこもそれを放送していなかったからだ。

045 ☐☐☐

lmao/ lmfao
[éléméióu/éléméʃéióu]

大笑い、爆笑
= laugh my (fucking) ass off

由来と使い方：直訳すると「尻が吹っ飛ぶほど笑う」で、腹がよじれるほどの大笑いを表す。この頭文字語はオンラインチャットやSNSで使われ始めた後、一般にも広く使われるようになった。

使用例：(in text chat)
A: Bob asked his date to pay for their meal?
B: Lmfao!

（チャットで）
A: ボブったら、デート相手に食事代を出してくれるように頼んだの？
B: 爆笑！

046 ☐☐☐

lurker
[lə́:rkər]

見る専、ROM専

由来と使い方：lurkは、後ろ暗い目的で「待ち伏せする」「潜む」という意味がある。lurkerは、オンラインの世界で、チャットルームやSNSを使うが、見るだけで実際には参加しない人を指す、かなり否定的な語。

使用例：Bob never posts anything on Facebook or Twitter – he's just a creepy **lurker**.

ボブは絶対にフェイスブックやツイッターに自分では投稿しない――ただの気味の悪いのぞき屋だよ。

047 ☐☐☐

mediatization
[mìdiataizéiʃən]

メディア化

由来と使い方 政治のコミュニケーションやそのコミュニケーションが行われる社会が、メディアによって形や枠組を定められる、という説。SNS等の新しいメディアの台頭により、この概念はより有用な分析ツールとなっている。

使用例 "Mediatization is a concept to encompass the changes brought by media into every aspect of our lives." (Procedia – Social and Behavioral Sciences)

メディア化とは、メディアによって私たちの生活のあらゆる側面にもたらされた変化を包括する概念だ。

---

048 ☐☐☐

meme
[míːm]

ミーム

由来と使い方 SNSを介してオンライン上で拡散する画像や短い動画を指して広く使われる。ギリシャ語の mimeme（模倣する）をもとに英科学者リチャード・ドーキンスが造語し、「文化的伝達の１単位」と定義した。

使用例 "Today, memes have a specific connotation in our digital environment. What makes memes so special is their way of communicating attitudes, feelings and situations." (Forbes)

今日、デジタル環境においてミームには特殊な含意が付随する。ミームを特別なものにしているのは、コミュニケーションの態度や感覚や状況のあり方だ。

049 ☐☐☐

mentions
[ménʃənz]

（SNSの）メンション

由来と使い方

「@」を付けて特定のユーザーの名前を挙げて、「その人に対するコメントである」ことを明示したうえでする投稿。mention（言及）は単数形で使われることが多いが、この場合は複数形で使う。

使用例

I tweeted about how Europe is handling the pandemic better than America, and a bunch of people in my **mentions** are telling me to go live in Europe.

アメリカよりもヨーロッパの方がパンデミック対策は優れているとツイートしたら、私へのメンションに多くの人がそれならヨーロッパへ移住しろよと言ってきている。

050 ☐☐☐

metaverse
[métəvə̀ːrs]

メタバース
人がアバターを介して参加する、オンライン上の仮想空間

由来と使い方

SF作家ニール・スティーブンスンが1992年に作中で使った言葉で、最近になって広く使われるようになった。ギリシャ語で「〜を超えて」を意味するmetaと、universe（宇宙）を合わせた語。インターネットが、拡張現実と現実世界の境があいまいな場所へと発展していることが背景にある。

使用例

"Eventually, people will be able to enter the **metaverse**, completely virtually (i.e., with virtual reality) or interact with parts of it in their physical space with the help of augmented and mixed reality." (Forbes)

ついに人々は完全にバーチャルにメタバースの中に入ること、あるいは拡張現実と混在現実の助けを借りて、その物理的空間の中でメタバースの一部とやりとりすることができるようになるだろう。

051 ☐☐☐
microtarget
[màikroutáːrgit]

マイクロターゲティングを行う、個人をターゲットにする

由来と使い方 | 購入履歴や試聴履歴、サイト訪問履歴などのデータを基に、個人に合わせた広告や政治的メッセージに誘導すること。近年インターネット広告が最も重要な広告媒体となり、ターゲットに確実に届けるためには広告や宣伝キャンペーンを微調整する必要があることを反映した言葉。

使用例 | Jim pointed out that streaming services like Netflix attract advertisers by enabling them to **microtarget** users based on information like gender, race and search history with greater accuracy than traditional broadcast advertising.

Netflixのような配信サービスは従来の放送広告よりずっと高い正確さで、性別、人種、サーチ歴などの情報に基づいてユーザーをマイクロターゲティングできるので、広告を獲得できるのだとジムは指摘した。

---

052 ☐☐☐
mofo ⚠
[móufou]

クソ野郎、大ばか野郎
= motherfucker

由来と使い方 | Mofoは、motherfuckerのような攻撃的でタブーとされる言葉をアレンジしたり短縮したりして、不快感が軽減するようにした婉曲表現の一例。ポジティブ、ネガティブどちらの文脈でも使える。

使用例 | You goddamn **mofo**! That home run you scored in the eighth inning destroyed the other team's chances of coming from behind.

とんでもない野郎だぜ！ おまえが8回に打ったホームランのおかげで相手チームの逆転のチャンスがなくなったぞ。

053 ☐☐☐
MOOC
[múːk]

大型公開オンライン
講座
= massive open online
course

由来と使い方｜大学が大人数の学生を対象に設定した無料のオンライン授業が発端だが、現在、コロナ禍によって他の多くの組織も提供している。補習、進学準備、キャリア開発、企業研修、生涯学習といった分野で、無理なく柔軟に知識やスキルを身に着ける手段を提供している。

使用例｜"The proclaimed mission of the **MOOCs** was to 'democratize education.' The early courses attracted hundreds of thousands of students from around the world." (New York Times)

MOOCsの掲げた目標は「教育を民主化する」ことであった。初期講座は世界中の何十万人もの学生を引き付けた。

054 ☐☐☐
netiquette
[nétikit]

ネチケット

由来と使い方｜(Inter)netとetiquette(エチケット)の合成語。ネット上のマナーや、メールのやりとりにおけるエチケットなどを言う。etiquetteはちょっと堅苦しくて古めかしい語だが、おそらくmannerではうまく合成語が作れなかったのだろう。

使用例｜**Netiquette** is still developing, and the ground rules of polite online behavior are very much a work in progress.

ネチケットはまだ発展途上で、礼儀正しいオンライン行動の基本原則はまだまだ完成には至っていない。

055 ☐☐☐
netizen
[nétəzən]

ネット民、インターネットを日常的に利用者する人

由来と使い方 (inter)netと citizenの合成語。citizenという言葉から、オンラインコミュニティーの中に civic（公民的）なニュアンスを感じさせる。しかし、実際のオンライン世界は細分化され孤立した個人の集まりに近いだろう。

使用例 Erwin is always trying to encourage other **netizens** to do good things like supporting crowdfunding campaigns for worthy causes, but he says most people are too busy following stupid celebrity news and posting cat pictures to be good **netizens**.

アーウィンはいつも他のネット民たちに立派な目的のクラウドファンディングを支援するなどの良い行いをするようにと呼び掛けているが、どうでもいいセレブのニュースを追ったりネコ写真をアップしたりに忙しくて、良きネット民になれない人がほとんどだという。

056 ☐☐☐
NSFW
[énéséfdʌbljù:]

職場では危険
= not safe for work

由来と使い方 メールやメッセージの内容、リンク、添付などが、職場で開くとまずいものである、と伝える頭文字語。周囲の人に見られたり聞かれたりしたら面目を失うか、ことによると解雇にもなりかねない、性的な写真、絵、音声などが添付されたメールやメッセージ。

使用例 Mark keeps sending me emails with the subject line "NSFW" to which he attaches stuff like pictures of naked models – what a jerk.

マークはしょっちゅう件名に NSFWと入れたメールに裸のモデルの写真なんかを添付して送りつけてくるんだ――まったくとんでもないやつだ。

057 ☐☐☐
omg/omfg
[óuèmdʒi:/óuèmefdʒi:]

なんてことだ
= oh my God/oh my
fucking God

由来と使い方 | Oh, my godという言い方は大変古いが、その頭文字語の使用は比較的新しく、オンラインやSNSでの決まり文句ともなっている。オンラインチャットでこの語を使っている多くの人は、実際には頭文字だとは知らずに、軽い驚きや単なる感嘆詞として使っているかもしれない。

使用例 | (in text chat)
A: How was the concert last night?
B: Omg ... it was beyond awesome.

（テキストチャットで）
A：昨夜のコンサートはどうだった？
B：OMGよ…すごいなんてもんじゃなかった。

058 ☐☐☐
online shaming
[ánláin ʃéimiŋ]

オンライン・シェイミング、ネットのさらしもの

由来と使い方 | ターゲットとなる人をインターネット上でけなし、公に恥をかかせる行為。SNSの普及以来、存在している。また、ツイッターやインスタグラムなどのSNSで人々の意見が簡単に浸透することから、一つの落ち度ですべてを否定するキャンセルカルチャー（267）の台頭にもつながっている。

使用例 | When a couple of female employees accused the executive of sexual harassment, he became the target of a well-organized campaign of **online shaming**.

2人の女性社員がセクハラで幹部を告発すると、彼は組織化されたオンライン・シェイミング・キャンペーンの的にされた。

059 ☐☐☐

OP

[óupí:]

スレ主、トピ主
= original poster

由来と使い方
オンライン掲示板等において、最初の投稿をしてスレッドを立ち上げた人のこと。または、文章、写真、動画、音声クリップなど、「最初の投稿」を意味する Original Post の略としても使われる。

使用例
Brad claims he was the **OP** of that thread about which bakery makes the best croissants.

ブラッドはどのパン屋のクロワッサンが一番おいしいか討論するスレッドを立てたスレ主は自分だと主張している。

---

060 ☐☐☐

oversharing

[óuvərʃèəriŋ]

オーバーシェアリング、個人的な情報を出し過ぎること

由来と使い方
受け取る側が気まずくなるほどの情報が発信される点で、TMI（= too much information、405）によく似たコンセプト。私生活の細部を明かすことで開けっぴろげで正直な印象を持ってもらえる、とつい考えてしまう人がいることを表現するのに使われる。

使用例
I don't feel comfortable talking with Oswald anymore. He keeps **oversharing** about his relationship with his wife. What an irritating bore he's become.

オズワルドとはもう気分よく話ができない。奥さんとの関係について必要以上に話してくるんだ。なんて無神経で退屈なやつになっちまったんだろう。

061 ☐☐☐

phishing

[fíʃiŋ]

フィッシング（詐欺）

由来と使い方

「餌で魚を釣り上げる」という意味の fishing に由来するが、f- の代わりに ph- でつづる。不正に無料で長距離通話をする行為を phone に掛けて phreaking（発音は「いまいましい」という意味の freaking と同じ）と言うが、その影響を受けたものと思われる。

使用例

Poor Joan had thousands of dollars stolen from her bank account after she became a victim of a **phishing** scam.

哀れなジョーンはフィッシング詐欺の犠牲になって、銀行口座から何千ドルも盗まれた。

062 ☐☐☐

ransomware

[rǽnsəmwèər]

ランサムウエア

由来と使い方

ネット経由でコンピューターをロックし「身代金」（ransom）を要求するマルウエアの一種。ウイルス対策ソフト会社も対策に全力を尽くしているが、2020 年に企業がランサムウエアに支払った金額は全世界で推定 180 億ドル、さらにコンピューター停止に伴う被害コストも数十億ドルに上る。

使用例

"More Canadian companies will fall victim to **ransomware**, siphoning untold millions out of the economy and into the bitcoin wallets of criminal enterprises." (Toronto Globe and Mail)

今後ランサムウエアの被害に遭うカナダ企業は増加し、経済から吸い取られた大量の資金が犯罪企業のビットコインの財布に収まるだろう。

063 □□□

reacji

[ri(ː)ǽkdʒi]

リアク字、リアクションを示す絵文字

由来と使い方

reaction（リアクション、反応）＋ emoji（絵文字）。日本発祥の emoji はすっかり世界的になっているが、reacji は絵文字をもう一歩進めたもの。例えば結婚や子どもの誕生などのおめでたい知らせに対して、単に👍で済ませるのでなく、二つのワイングラスで乾杯する絵文字アイコンを使って反応を示すなど。

使用例

Arnold designed a great new **reacji** the other day: two birds kissing each other. He says it's for all the lovebirds in cyberspace who are shy about expressing their true feelings.

アーノルドは先日、2羽の鳥がキスする、すてきな新しいリアク字をデザインした。本当の気持ちを伝えるのが恥ずかしいサイバー空間の全ての恋人たちのためだと言う。

064 □□□

retargeting

[rìːtáːrgitiŋ]

リターゲティング

由来と使い方

サイトを一度訪問したが購買などの行動を起こさなかった人に、Cookie で追跡をして広告を表示させ、再びターゲットとすること。もともと単純に「再び狙う」という意味を持つ昔からある言葉だが、オンライン広告の時代にこの新しい意味付けがされた。

使用例

"For most websites, only 2% of web traffic converts on the first visit. **Retargeting** is a tool designed to help companies reach the 98% of users who don't convert right away." (Retargeter)

ほとんどのウェブサイトでは、最初の訪問で購入に至るウェブ訪問者はわずか2％だ。リターゲティングは、その場で購入に至らなかった残り98％と企業とをつなぐために設計されたツールだ。

065 ☐☐☐
SEO
[ésíːóu]

検索エンジン最適化
= search engine
optimization

由来と使い方 │ 検索をかけたときに上位に表示されるようにし、自社サイトの露出を高めるためのマーケティング技術のこと。最適化させる（上位に表示させる）には、検索エンジンがどのように機能するのかを知り、人々が求めているものを上手に感じ取り、ユーザーがオンラインでどんなふうに情報を探すのかを理解する必要がある。

使用例 │ "SEO today is about making the right choices based on tons of accurate SEO data, the latest Google trends, and common sense." (Search Engine Journal)
現在のSEOで重要なのは、大量の正確なデータと最新のGoogleトレンドと常識に従って、正しい選択をすることだ。

066 ☐☐☐
sharenting
[ʃéərentiŋ]

シェアレンティング、親がSNSに子どもの写真などをたくさん載せること

由来と使い方 │ share（共有する）と parenting（育児）の合成語。子どもを自慢に思っている親の、自分の子がどんなにすごいか触れ回りたい、写真も見せたいという気持ちはいつの時代も同じ。インターネットやSNSのおかげでそれが容易になったことで、多くの人が参加するようになった。

使用例 │ If you want to know the meaning of "sharenting," check out John's Facebook wall – there are endless pictures of his three kids.
「シェアレンティング」がどういうことか知りたければ、ジョンのフェイスブックウォールを見るのがいいわ。彼の3人の子供たちの写真が延々と出てくるから。

067 ☐☐☐
show the receipts
[ʃóu ðə risíːts]

証拠を見せる

由来と使い方｜直訳は「レシートを見せる」。特にSNSのデジタルコミュニケーション内で使われる表現。もし万が一、深刻な論争や議論に巻き込まれた時に自分を守れるように、メール、テキストやSNSへの投稿などを保存しておくべきだと言われている。

使用例｜OK, if you say you were against Trump back in 2016, show me the receipts.
オーケー、もし2016年時点であなたがトランプに反対してたって言うなら、証拠を見せて。

068 ☐☐☐
slide into DMs
[sláid intu díːémz]

DM（ダイレクトメッセージ）に切り替える

由来と使い方｜SNSには大抵ダイレクトメッセージ機能があり、相手と直接やりとりすることができる。そういったダイレクトメッセージで個人的に話ができないかと尋ねるときに使われる。そのような依頼には、隠れた動機があることもあるので注意が必要。

使用例｜I'm always careful about sliding into DMs with strangers I've just met in open-forum discussions online.
オンラインの公開ディスカッションで知り合ったばかりの人たちとDMのやりとりをすることには、いつも注意を払っているわ。

069 ☐☐☐

SMH
[éséméitʃ]

頭を（横に）振ること
= shaking my head

由来と使い方
オンラインの投稿やSNSで不満や激怒、落胆などを表すときに使われる。特に、考えが足りない愚かな発言をする人に対する反応として使うことが多い。

使用例
(in text chat)
A: I don't think there's such a thing as racial prejudice. It's all bullshit.
B: SMH.

（チャットで）
A：人種的偏見なんてものがあるとは思わないね。そんなのは全てたわ言さ。
B: SMH(世も末だね)。

---

070 ☐☐☐

smishing
[smíθiŋ]

スミッシング、SMSを利用したフィッシング詐欺

由来と使い方
SMS（ショートメッセージサービス）と phishing（フィッシング詐欺、061）の合成語

使用例
Poor Randy – he was a victim of a very sophisticated and legitimate-looking **smishing** con.

気の毒なランディ。とても巧妙で合法と見紛うスミッシング詐欺の餌食にされたわ。

071 ☐☐☐
snackable content
[snǽkəbl kántent]

スナックコンテンツ、気軽に楽しめるコンテンツ

由来と使い方
スナックを食べるように短い時間で手軽に楽しめて、消化しやすい（分かりやすい）コンテンツのこと。人々の注意を引き付けておける時間が短くなったこの時代、人々はフルコースの食事ではなくスナックをつまむように情報を取り入れるのだ。

使用例
"We're talking smaller screens and smaller attention spans – no wonder there has been so much buzz surrounding snackable content lately." (Digital Marketing Institute)

画面が小さくなり注意の続く時間が短くなっているという話であり、最近スナックコンテンツ周辺がにわかに騒がしくなっているのもうなずけるというものだ。

072 ☐☐☐
snark
[snάːrk]

嫌みったらしいこと、辛辣で皮肉な発言

由来と使い方
「気難しい、辛辣な、非礼な」という意味の形容詞の snarky から逆生された名詞。さらに、「嫌みを言う」という意味の動詞としても使われるようになっている。

使用例
"Carlson has become perhaps the highest-profile proponent of 'Trumpism' – a blend of anti-immigrant nationalism, economic populism and America First isolationism that he articulates unapologetically and with some snark." (Politico)

カールソンは、反移民ナショナリズム、経済ポピュリズム、アメリカ第一の孤立主義がないまぜになった「トランプ主義」の最も著名な支持者であり、悪びれもせず毒舌発言をする。

073 ☐☐☐

sock puppet
[sák pʌ̀pit]

靴下人形、（ネット上
の）自作自演

由来と使い方

自分（たち）の意見が多数派であるように見せかけるため、オンライン上で作り上げる架空の人物のこと。子供が靴下で作るシンプルな指人形からのたとえ。オンライン上で別人になりすまして自分に賛同してみせる「自作自演」にとどまらず、組織的な人形劇が行われることもある。

使用例

The two sides in the vicious online debate about abortion are using **sock puppets** to make it seem like they know lots of people who support and argue in favor of their position.

中絶に関する悪意あるオンラインディベートでは、双方が、自分を支持し擁護しくくれる人を多く知っているかのように見せかけるための架空の張りぼてを駆り出している。

074 ☐☐☐

spear phishing
[spíər fíʃiŋ]

スピアフィッシング攻撃

由来と使い方

spear（モリ、ヤス）で魚を1匹ずつ狙うスポーツフィッシングのspearfishing（スピアフィッシング）に詐欺のphishingを掛けたもの。特定の人物や団体に狙いを絞って巧妙なサイバー詐欺を仕掛ける犯罪。

使用例

"The truth is that even a well-trained, observant user will have moments of distraction, and as social media use explodes, it becomes ever easier to craft a highly convincing **spear phishing** e-mail." (Barracuda)

よく訓練された観察力のあるユーザーであっても、注意力が散漫になる瞬間があるのは事実です。また、ソーシャルメディアの利用が爆発的に増加しているため、信じ込んでしまうようなスピアフィッシングメールを作成することが容易になっています。

075 ☐☐☐
stickiness
[stíkinis]

スティッキネス、ユーザーの滞在時間

由来と使い方
オンラインコンテンツで、ユーザーをそのウェブサイトにどれだけ長くとどまらせられるかを言う。「粘着性」という意味で従来から使われていた単語に、新しい意味が加わった例。

使用例
The website designers included all sorts of special features, like quizzes and music, to increase the **stickiness** of our company's website.

ウェブデザイナーたちは、うちの会社のサイトにユーザーがとどまる時間を増やすために、クイズや音楽などあらゆる種類の特別な仕掛けを盛り込んだ。

076 ☐☐☐
subscription service
[səbskrípʃən sə́ːrvis]

定額配信サービス、サブスク

由来と使い方
CD や DVD、ダウンロードサービスの人気が低下し、Apple Music や Spotify のような音楽配信サービス、Netflix や Amazon Prime Video などの映画・番組配信サービスがとって変わった。コロナ禍でさらに人気に火がついた。

使用例
"Using a music **subscription service** gives you access to just about all of your favorite albums, songs and artists, costing you only pocket change each month." (Spy.com)

音楽の定額配信サービスを使うと、毎月ほんのお小遣い程度の料金で、お気に入りのアルバムや歌やアーティストのほぼ全てにアクセスできるようになる。

077 ☐☐☐
subtweet
[sʌ́btwìːt]

名前を出したりメンションしたりせずに特定の人物に言及するツイート

由来と使い方
この sub- は subliminal（潜在意識の、暗示的な）から来ている。誰とははっきり言わないが特定の人について言及することで、からかったり批判したりといった否定的な内容であることが多い。動詞として使うこともある。

使用例
Gwen says people who **subtweet** are irresponsible, cowardly gossips who don't have the courage to say what they want to someone face-to-face.
サブツイートする人は無責任で臆病なゴシップ好きで、面と向かって言いたいことを言う勇気のない人だ、とグウェンは言っている。

078 ☐☐☐
tag
[tǽg]

タグ、タグ付けする

由来と使い方
商品などに付ける「タグ」や「荷札」からの連想。カテゴリーやリンクなどへの関連付けや指定をする目印のこと。動詞としても使われる。前々からある言葉がデジタル時代にうまく適応した例。

使用例
I **tagged** you in that class reunion photo I posted on Facebook.
フェイスブックに上げた同級会の写真を君にタグ付けしたよ。

079 ☐☐☐
thirst trap
[θə́ːrst trǽp]

サーストラップ、渇
きの罠

由来と使い方
褒められることや性欲を刺激することを目的とした自撮りの一種。自撮り文化の普及やオンラインデートアプリの人気上昇に伴い、広く使われるようになった。見る人が人との交流やセックスに対して強い欲求、つまり「渇き」を感じることから生まれた語。自撮り写真で誘惑し、自分と接触するように「罠」を仕掛けているのだ。

使用例
"The only thing better than one **thirst trap** is two **thirst traps** ... together ... in the same photo." (Cosmopolitan)

1つのサーストラップよりも良いのは、2つのサーストラップが……一緒に……同じ写真に写っていることだ。

080 ☐☐☐
thread
[θréd]

スレッド

由来と使い方
ある話題に言及した書き込みやメッセージに関連する応答が連なっていくもの。threadは「糸」という意味で古くからある言葉だが、thread of the story（話の筋道、話の流れ）といった使い方もされる。そこから連想される新しい意味で、新しい文脈で使われるようになった。

使用例
The comments on that long Facebook **thread** about abortion were really interesting. I have seldom seen an online **thread** with such a healthy and civilized exchange of views.

中絶に関するあの長いフェイスブックのスレッドのコメントは実に興味深かった。あんなに健康的で抑制の効いた意見交換がなされるスレッドはまれにみるものだ。

081 □□□
undersnark
[ʌ́ndərsnàːrk]

さりげない嫌み

由来と使い方
snark (072) は相手にも伝わるような嫌みのことだが、under- が付くと、相手に分かるほどあからさまでない、という意味合いが入る。なぜそんなことをする必要があるのか疑問ではあるが、悪口が故意ではなかったと言い逃れるためなのかもしれない。

使用例
At the party, Heather told Diane that she loved her fashion sense so much that she wanted to die. I could tell Heather was being sarcastic, but Diane didn't understand that – she's oblivious to **undersnark**.

パーティーでヘザーがダイアンに、ダイアンのファッションセンスが良すぎて死にたくなるって言ったのよ。私にはヘザーが皮肉で言ってるって分かったけど、ダイアンは分かってなかった。隠れた嫌みに気付かないタイプなのね。

082 □□□
vig
[víg]

手数料

由来と使い方
マフィア映画で借金取りが取り立てる「利息」の意味で使われる言葉で、いかがわしく怖いイメージがあった。今はそれを逆手に取って冗談半分に使われている（テクノロジーオタクにもユーモアのセンスはあるのだ）。vig は vigorish の省略形で、「もうけ、賞金」を意味するイディッシュ語が語源と言われる。

使用例
"Myhrvold was also a champion of Microsoft's ultimately unsuccessful quest to collect a transaction fee, or as Myhrvold colorfully called it, a 'vig' on every credit-card purchase on the Internet." (Breaking Windows: How Bill Gates Fumbled the Future of Microsoft)

ミラボルドもまた、インターネットでのクレジットカード決済のたびに取引手数料、あるいは彼の気の利いた呼び方によれば「ヴィグ」を徴収するという、マイクロソフトの結局失敗に終わった試みの支持者であった。

083 ☐☐☐
webinar
[wébənà:r]

ウェビナー、オンライ
ンセミナー

由来と使い方　ウェブとセミナーの合成語。コロナ禍で多くの学生たちが自宅で学習せ
ざるを得なくなったことで、オンラインでの学習コースを指す総称とし
て、広く使われるようになってきた。学生向けの学習コースのみならず、
オンラインで開催される企業の情報共有セミナーなどにも使う。

使用例　**My webinar about how to prepare your income-tax return was
very popular – more than 200 people joined me online.**

所得税還付対策に関する私のウェビナーは大好評で、オンライン上で 200 人以上
が参加してくれた。

084 ☐☐☐
YOLO
[jóulòu]

人生は一度きり
= you only live once

由来と使い方　"You only live once" 自体は昔からある表現だが、この頭字語は最近の
もの。他の頭文字語と同様、簡潔で便利なので SNS でよく使われる。
YOLO には、たとえ馬鹿げていたり危険を伴っていたりするものでも、
楽しくて心躍ることはためらわずにやってみるべきだ、という意味があ
る。

使用例　**Hey, man, don't be afraid to try bungee-jumping. After all,
YOLO!**

お～い、なあ、怖がらずにバンジージャンプを飛んでみろよ。なんたって人生一度
きりだ！

085 ☐☐☐
Zoom fatigue
[zúːm fətíːg]

Zoom疲れ

由来と使い方
パンデミック中に在宅勤務をし、いつ終わるともしれない退屈なZoom 会議に参加しなければならなくなった人々の間で広まった言葉。fatigue は「疲労、倦怠感」という意味だが、Zoom fatigue は battle fatigue（戦争神経症、戦場を経験したことによる PTSD）という言葉との引っ掛けでもある。

使用例
William has a serious case of **Zoom fatigue** after spending most of last week discussing the company's business strategy in long and badly organized online video meetings with the other members of his team.

ウィリアムは、先週、時間ばかりかかってまとまらないオンライン会議でチームメンバーたちと会社のビジネス戦略について話し合うことが続いたので、重症の Zoom 疲れになっている。

086 ☐☐☐
Zoom room
[zúːm rúːm]

Zoomルーム、
Zoomに映ってもいい
ように片付いた部屋

由来と使い方
リモートで会議をしたり授業を受けたりするのに Zoom のようなアプリを使う時、人々は当然、画面に映る見た目を良くしようとする。例えば、真面目で勉強好きに見えるように背景に本棚を配する人も多い。

使用例
Al's friends told him to set up a **Zoom room** in his house, because they were tired of looking at his laundry hanging in the background when he joined video conferences.

アルは、ビデオ会議のたびに彼の部屋につり下がっている洗濯物を見せられるのにうんざりした友人たちから、家の中に Zoom ルームを作れと言われた。

087 ☐☐☐
Zoombombing

Zoom爆撃

[zúːmbὰmiŋ]

由来と使い方

Zoomアプリを使ったビデオ会議に、招かれていない人が乱入して迷惑行為を行うこと。Photobombing（変な顔をして他の人の写真に写りこむこと）から派生した表現。コロナ禍でZoom会議の数が急増したことに伴い、メディアで広く使われるようになった。

- -

使用例

"'**Zoombombing**' has become so prevalent that this week the FBI issued a news release to warn people of the threat." (CNN)

Zoom会議妨害があまりに頻発するので、今週FBIはその脅威を人々に警告するニュースリリースを出した。

088 ☐☐☐
zump

Zoomで別れを告げる

[zʌ́mp]

由来と使い方

動詞dumpの最初のd-をビデオ会議アプリZoomのz-に替えたもの。dump（投げ落とす、捨てる）には口語で、相手の気持ちに関わらず「一方的に恋愛関係を終わりにする」という意味がある。

- -

使用例

I know it's hard to believe, but Debbie **zumped** Harold last night during a Zoom meeting that was attended by at least 100 people. It was so embarrassing.

信じがたいことでしょうけど、デビーが昨日の夜、100人以上が参加してたZoomミーティング中にハロルドに別れを宣告したの。もう気まずいったら。

合成語について

本書には、2つ以上の単語の意味や音を組み合わせて作られた portmanteau（本書では「合成語」とした）と呼ばれる単語が多く登場します。portmanteau はフランス語で「両開きの旅行かばん」という意味。スーツケースの口をパタンと閉じることで、2つの別の単語の一部が組み合わされて新しい単語が生まれることを示しているので、視覚的にわかりやすい比喩となっています。

英語では、フランス語がこのようにちょっときざな形で使われる例がたくさんあります。もちろん、日本語にもたくさんの合成語があります。代表的なものに「カラオケ」（[歌が]空とオーケストラの合成語）がありますが、これは英語（karaoke）にもなっています。

いずれにしても、合成語は、人間の無尽蔵の創造性を示す好例です（portmanteau generator というものもあります）。しかし、言葉にほれ込んだ人間は、時に調子に乗ってしまうようです。私が研究の過程で出合った malamanteau という高度な合成語がその良い例です。malapropism（マラプロピズム、言葉の誤用）と neologism（新造語）が誤った形で合成された語です。読んでいて頭が痛くなりました。

malamanteau は、それ自体が新語であり、誤用語であり、合成語でもあるという、メタな言葉遊びの素晴らしい例です。しかし、あなたがこの言葉を見たり、聞いたりする可能性は限りなくゼロに近いでしょう――あなたが、友人との会話で披露するようなことがなければ。

Health / Lifestyle

健康・
ライフスタイル

先進国での平均寿命は伸び続け、人々の健康意識は高まるばかり。そんな中、新型コロナウイルスの流行で、ライフスタイルの変更まで余儀なくされています。ウィズ／アフター・コロナで使用頻度が高まる語彙です。

089 ☐☐☐
ableism
[éiblizm]

障がい者差別

由来と使い方 | able（可能な）に、racism（人種差別主義）や sexism（性差別主義）のように名詞を作る -ism の接尾辞がついてできた語。「障がいがある」という意味の disabled に対し、健常者を able として線引きする考え方。

使用例 | Albert was accused of **ableism** when he told the visually impaired job applicant that it would be hard for him to work as a store clerk.

視覚障がいのある求職者に店員の仕事は難しいと告げたのは障がい者差別だと、アルバートは非難された。

090 ☐☐☐
arvo
[á:rvou]

午後（正午から日没まで）

由来と使い方 | 元はオーストラリア英語で afternoon（午後）を意味する語。オーストラリア英語では、このように単語を短い形に短縮することがよくある。気だるい、のんびりした午後を感じさせる。

使用例 | Hey, mate, got any plans for the **arvo**? Why not drop by and sit in the garden and have a few beers?

なあおい、午後は何か予定があるかい？ うちに来て庭でビールでも飲まないか？

091 ☐☐☐
ASMR
[éiésémáːr]

自律感覚絶頂反応
= autonomous sensory meridian response

由来と使い方

ある種の音を聞いたり動画を観たり活動に参加したりしたときに、「脳がうずく」と表現される感覚が起きること。多くは頭の後ろで始まり、首から背骨、四肢へと伝わるゾクゾクする感覚で、波状にやってきて強い陶酔感やリラックス感を誘発する。

使用例

"Many **ASMR** videos, featuring activities such as unintelligible whispering, hair brushing, nail tapping and paper crinkling, have since gone viral and have millions of viewers and subscribers." (Cyberdefinitions.com)

何を言っているかわからないささやき、髪をとかす様子、爪を軽く打ち鳴らす動作、紙をくしゃくしゃにする様子などを映す多くのASMR動画は、あっという間に広まって何百万人もの視聴者やチャンネル登録者を得ている。

092 ☐☐☐
before times
[bifɔ́ːr táimz]

（コロナ禍）以前の時代

由来と使い方

パンデミックが始まる前と後の時代で歴史を分けることで、パンデミックがいかに私たちの生活を変化させたのかを強調する言い方。キリスト教原理主義者が「この世が終わって神の審判の下る時」について説く際に使う end times（終末の時）を故意に真似て、冗談めかした表現になっている。

使用例

"The **before times**: Here's the last 'normal' thing you did before the COVID-19 shutdown" (headline, Hamilton Spectator)

コロナ前の時代：CODIV19による経済封鎖前、最後に行われていた「普通の」こととは。

093 ☐☐☐
benzo
[bénzou]

ベンゾ、ベンゾジアゼ
ピン系抗不安薬
= benzodiazepine

由来と使い方
抗不安薬、睡眠薬として処方される。貧富の差が広がっているアメリカでは、希望が持てず不安を抱える人が増えてこうした薬の使用が広がっている。依存性が高いため投与が制限されているが、北米を中心に乱用が深刻な問題となっている。

使用例
I'm so worried about Ralph. Ever since he lost his job at the meat-packing plant, he's been taking **benzos** nonstop.

ラルフのことが本当に心配だ。精肉工場での仕事を失くしてから、ベンゾを飲み続けてるんだ。

094 ☐☐☐
bubble
[bʌ́bl]

バブル、外と隔てられた空間・人間関係

由来と使い方
現実世界からの逃避や孤立を思わせるやや否定的な意味で使われていたが、コロナ禍の文脈では肯定的な意味を持つようになった。例えば、あなたのバブルの中にいる人たちは、家族などソーシャルディスタンスをとらなくていい人たちである。

使用例
Since the pandemic began, I haven't even had a cup of coffee with anyone outside my **bubble**.

パンデミックが始まって以来、私は自分のバブル外の誰ともコーヒー一杯飲んでないわ。

095 ☐☐☐

bubblemates

[bʌ́blmèits]

バブルメイト

由来と使い方

bubbleは前出094の意味。roommateやhousemateと同様の-mateを付けて、同じバブル内の人たちという概念にフレンドリーさを付け加えている。bubblematesは、同じquaranteam（隔離仲間）のメンバーのことも含む。

使用例

The friendship between Mary and Elspeth grew much stronger after they decided to live together as **bubblemates** during the pandemic.

パンデミック中にバブルメイトとして一緒に暮らすことを決めてから、メアリーとエルスペスの間の友情はずっと強まった。

096 ☐☐☐

caremongering

[kɛ́ərmʌ̀ŋɡəriŋ]

ケアモンガリング、思いやり拡散運動

由来と使い方

scaremongering（不安に陥れるような）やfearmongering（恐怖を利用する）に似せた言葉遊び。mongerは古い英語で元は「商人」のことだったが、後に恐怖などの否定的なことを広めようとする人を指すようになった。それがパンデミックに入って、弱い立場の人々を助けようとcareを広げる活動に使われるようになった。

使用例

"But in Canada, a country whose inhabitants are stereotyped in the media as kind to a fault, helping others has become an organised movement called '**caremongering**.'" (BBC)

しかし国民が度を越して親切だとしてメディアで取り上げられる国、カナダでは、他人を手助けすることが「ケアモンガリング」と呼ばれる組織化された運動になっている。

097 □□□
contact tracing
[kántækt tréisiŋ]

接触(者)追跡

由来と使い方
感染症の拡散を防ぐため、感染者の行動や接触した人を確認すること。コロナウイルスのパンデミック中に広く知られるようになった科学用語の一つ。ニュースの中で使われてもその意味をメディアが説明する必要はないほど一般にも理解されている。

使用例
As the coronavirus spreads more rapidly, the government has come under fire for what critics say is inadequate **contact tracing**.

コロナウイルスの急速な感染拡大が進む中、政府は、接触追跡が不十分であるとして批判する人々からの集中砲火を浴びた。

098 □□□
contactless delivery
[kántæktlis dilívəri]

非接触デリバリー、置き配

由来と使い方
食品などの品物を配達する際、直接手渡すことを避けて、ドア外やロッカーに置いておくなどの方法を取ること。ロックダウンでフードデリバリーなどがより一般的になったが、同時に、ウイルス感染のリスクを減らすため非対面で配達することも普通になっている。

使用例
During lockdown I only dealt with restaurants that offered **contactless delivery** and insisted that their delivery staff wear face masks and maintain social distancing.

ロックダウン中、私は、非接触配達をしていて配達スタッフがマスクをしてソーシャルデスタンスを維持しますとうたうレストランにしか注文しなかった。

099 ☐☐☐
Covidocene
[kɔvídəsiːn]

コロナウイルスの時代

由来と使い方 | コロナウイルスのパンデミックが始まってから私たちの生活が様々な点で大きく変化したということを、大げさに表現したもの。-oceneという接尾辞は、Eocene（始新世、約 5580 万年前〜 3390 万年前）のような何千万年も続く地質年代学用語に使われるもの。Covidoceneがそんなに長く続くとは誰も思っていないはずだ。

使用例 | Janey said it's felt like a different world since the pandemic began. "Welcome to life in the **Covidocene**, baby," said Martine with a smile.

パンデミックが始まってから違う世界になったようだとジェイニーが言うと、マーティンはほほえみながら「コロナ時代の人生にようこそ、ベイビー」と返した。

100 ☐☐☐
cybrarian
[saibréəriən]

サイブラリアン、サイバー司書

由来と使い方 | cyberspace（電子空間、サイバースペース）の cyber と librarian（図書館司書）との合成語。司書が図書館内で書籍や情報を探し出すように、インターネット上で情報を収集・管理する仕事。

使用例 | Alyce had always wanted to be a librarian, but in this digital age she doesn't work with physical books in a library – she describes herself as a "**cybrarian**."

かねてから図書館司書になることを望んできたアリスだが、このデジタル時代に図書館で実物の本を扱うことはないので、自分のことを「サイブラリアン」と呼んでいる。

101 □□□
dadbod
[dǽdbɑ̀d]

おやじ体型、肥満は
していないが鍛えても
いない男性の体

由来と使い方 | bodyを略したbodは以前から、女性の体つきを鑑賞するなど人の体をモノとして見る場合に使われてきた。が、これがdadと結びつくと、dad rock (270) や dad joke (336) と同じように、ほんのりからかいのトーンを帯びてくる。

使用例 | When his younger female co-workers said he had a **dadbod**, Darren laughed and said he would take that as a compliment.

年下の女性の同僚からおやじ体型ですねと言われたダレンは、笑いながら、褒め言葉だと受け取っておくよと返した。

102 □□□
drivecation
[drài vəkéiʃən]

ドライバケーション、
自宅の敷地に停めた
キャンピングカーの中
で休暇を過ごすこと

由来と使い方 | staycation（自宅にとどまって過ごす休暇）と同じ形を取る造語。本来、キャンピングカーで休暇を過ごすときには車を運転してどこかへ行くものなのだが、どこにも行かないのにdrivecationという表現を使うのは少々ばかげて聞こえる。

使用例 | Edna and Trevor missed their annual vacation trip in their motor home so much that they decided to spend two weeks living in it, even though it stayed parked in their driveway the whole time. They called it their "**drivecation**."

エドナとトレヴァーは毎年キャンピングカーで出掛けている休暇旅行ができないのが残念だったので、自宅の車庫までの私道にずっと停めたままその中で2週間過ごすことに決めた。彼らはそれをドライバケーションと呼んだ。

103 ☐☐☐
dumpster diving
[dʌ́mpstər dáiviŋ]

ゴミ箱あさり

由来と使い方
dumpsterは、屋外に置く大型ゴミ容器のブランド名が一般名詞化したもの。こうしたゴミ容器が並ぶ周辺をうろつく人々の姿は世界中の都市で見られる。容器はとても大きいので、中を探す人たちはその中に「飛び込んでいく（diving）」ように見える。

使用例
Some people say **dumpster diving** is not a healthy thing to do, but John said much of the food he found in dumpsters had just been thrown out because it was past its supposed expiry date.

ゴミ箱あさりは健康的な行動でないと言う人もいるが、ジョンによると、ゴミ箱で見つかる食べ物の多くは賞味期間切れで捨てられただけのものが多いという。

104 ☐☐☐
elbump
[élbʌmp]

肘タッチ

由来と使い方
握手代わりに肘と肘を合わせてあいさつすること。elbow（肘）と bump（ぶつけること）の合成語。コロナ禍で握手を避けるようになってから、まず fist bump（グータッチ）、次に elbump へとあいさつの工夫が進んでいる。

使用例
Trent offered his hand to Reg to shake, but Reg offered his elbow instead, and explained that "**elbumps**" were considered way cooler than shaking hands.

トレントはレッジに握手の手を差し出したが、レッジは肘を差し出し、「肘タッチ」の方が握手よりずっとクールってことになっていると説明した。

105 ☐☐☐

emotional support animal | 感情支援動物

[imóuʃənl səpɔ́ːrt ǽnəməl]

由来と使い方
セラピー犬のように、精神的な問題を抱える人に癒しを提供する動物。盲導犬のような介助動物とは違い、特別の訓練を必要とはしない。感情支援動物の認定には飼い主が障がいを抱えていることを証明する必要がある。飼い主に同行した飛行機内で犬が人をかむなどの問題も起きている。

使用例
Penelope says her Vietnamese pot-bellied pig is a better **emotional support animal** for her than a dog or cat.

ペネロペは、飼っているベトナム・ポットベリー・ピッグ (ミニブタ) の方が自分にとって犬や猫よりずっといい感情支援動物だと言う。

106 ☐☐☐

fampool | 家族同士の車の相乗り

[fǽmpùːl]

由来と使い方
family と carpool（相乗り通勤）の合成語。アメリカでは自動車で一緒に通勤する家族が増えており、全カープールのうち 80%ほどを占めている。これがコロナ禍でより普及すると予想されている。

使用例
Gladys was invited by her workmates to join them in a carpool, but she told them she commutes by **fampool** with her dad and two brothers.

グラデイスは同僚からカープールに誘われたが、父親と兄弟2人とで家族相乗りをしていると答えた。

107 □□□
fertility tourism
[fərtíləti túərizm]

不妊治療ツーリズム

由来と使い方

医療費の高い国の人が医療費の安い国に行ったり、先進医療を求めて外国の医療機関を利用したりすることを、medical tourism（医療ツーリズム）と言うが、その一つの形。子どものいない夫婦が、供給不足の卵子や精子のドナー待ちにしびれを切らして、規制のゆるい外国へと出掛けていく。

使用例

"Shortages in egg and sperm donations exacerbated by new laws removing the right to anonymity for donors in Britain have led to a substantial increase in 'fertility tourism.'" (Daily Telegraph)

イギリスでドナーを匿名にする権利を廃止する新法ができたことで、卵子や精子のドナー不足が悪化し、「不妊治療ツーリズム」の著しい増加につながっている。

108 □□□
flatten the curve
[flǽtən ðə kə́ːrv]

上昇率を抑える

由来と使い方

国や地域におけるコロナウイルス感染者の推移は線グラフで示される。上昇しているときは上向きの「カーブ」になり、感染者数が低く抑えられていると線は低い位置で「平ら」になる。パンデミックの時代に、コロナ関連で使われる表現。

使用例

The public-health authorities say that if enough people wear masks, socially distance and avoid crowded places, then we'll be able to flatten the curve.

公衆衛生当局は、もし十分な人々がマスクを着けてソーシャルディスタンスを取り密となる場所を避ければ、感染者数を低く抑えておくことができるだろうと言っている。

109 ☐☐☐
flexitarian
[flèksətéəriən]

融通の利く菜食主義者

由来と使い方 | flexible（柔軟な）と vegetarian（菜食主義者）の合成語。状況に応じて、菜食にするかどうかを柔軟に変えるスタイルの人。本来のベジタリアンとは異なり、その主義よりもその場その場の利便性を重視していることから、この表現には少々の皮肉とからかいの意味が含まれている。

使用例 | I thought Ken was a vegetarian until he ordered a steak at the restaurant, and then he explained he was a **flexitarian**.

ケンはベジタリアンだとばかり思ってたら、レストランでステーキを注文してたのよ、で、彼が言うには，ご都合菜食主義者なんですって。

110 ☐☐☐
foodie
[fú:di]

グルメ、食通、フーディー

由来と使い方 | 食べ物や素晴らしい冒険的食体験に取りつかれた人、もしくはトレンドを意識した食通を言う。接尾辞 "-ie" を付けることで、新しくてかわいい響きの言葉が出来上がる例の１つ。

使用例 | Wow, Ethel is such a **foodie** – she dines out at least twice a week and she reads all the restaurant reviews and food blogs she can.

わ〜、エセルってそんなにフーディーなんだね。週に少なくとも２回は外食して、読める限りのレストランのレビューとフードブログに目を通すんだって。

111 ☐☐☐
freegan
[fríːɡən]

フリーガン

由来と使い方

free と vegan（ヴィーガン、完全菜食主義者）の合成語。ヴィーガンが動物性食品や動物製品にノーを唱えるのと同様に、フリーガンは商業的に扱われる食べ物すべてにノーを唱える。廃棄された食品などを回収して再利用する生活を選んで行っている人のこと。

使用例

Peter explained that as a **freegan** he sourced his food by dumpster diving, picking fruit and berries in parks and private property, bartering and sometimes even theft.

ピーターの説明によるフリーガンとしての彼の食べ物の調達方法とは、ゴミ箱あさり、公園や私有地の果物やベリー類のもぎ取り、物々交換、時には盗みまで。

112 ☐☐☐
glamping
[ɡrǽmpiŋ]

グランピング、贅沢なスタイルのキャンプ

由来と使い方

glamorous（魅力に満ちた）と camping（キャンプすること）の合成語。ホテルのような設備やサービスを楽しめるキャンプ。キャンプで得られる冒険感とホテルステイの快適さを同時に味わいたい旅行客の間で人気になっている。

使用例

Vanessa and Felicity always take a case of champagne and a jar of caviar with them when they go **glamping** in their luxurious and very comfortable camper.

ヴァネッサとフェリシテイは豪華で乗り心地抜群のキャンピングカーでグランピングに行くときはいつもシャンパン1ケースとキャビアひと瓶を持って行く。

113 ☐☐☐
guerilla gardening
[gərílə gáːrdnɪŋ]

ゲリラガーデニング

由来と使い方

耕作する法的権利のない土地でガーデニングを行うこと。放棄された土地や手入れのされていない公私有地などで実行される。guerilla とはスペイン語で「小さな戦争」という意味だが、ゲリラガーデニングは抗議活動でもあり、不平等や既得権に対する静かな戦いとも言えるかもしれない。

使用例

Julie is a true believer in **guerrilla gardening**. If she sees a patch of land that's not being used for whatever reason, she plants some seedlings or sprouts there as soon as she can.

ジュリアは本物のゲリラガーデニング信奉者で、どんな理由であれ使われていない地面を見つけるや、あっという間に苗木だか芽だかを植えてしまう。

114 ☐☐☐
hacktivist
[hǽktəvist]

ハクティビスト、ハッキング能力を社会活動に使う人

由来と使い方

hack（ハッカー行為）と activist（活動家）を組み合わせた語。彼らは、弾圧的な政府によるネット検閲と闘うなど、社会的正義を推し進めるオンライン版ロビンフッドを自称している。

使用例

"There have been countless instances of political and social change as a result of **hacktivist** campaigns." (Panda Media Center)

ハクティビストの運動の結果生じた政治的・社会的変化の例は数え切れないほどある。

115 ☐☐☐

healthspan

[hélθspæn]

健康寿命

由来と使い方

人の一生の中で健康に生きられ、深刻な病とは無縁な期間を指す。lifespan（寿命）に意図的に似せた響きがある。寿命には単なる長生き以上のものがあることを強調している。

使用例

"Unlike average lifespan, which is now 79.3 years in the US, we don't have a statistic to mark the end of the average healthspan." (Institute for Public Health, Washington University in St. Louis)

平均寿命とは異なり、因みに米国の場合現在 79.3 歳だが、平均的な健康寿命の終わりを示す統計はない。

116 ☐☐☐

herd immunity

[hə́ːrd imjúːnəti]

集団免疫

由来と使い方

herd は「群れ」から感染症が広がる範囲としての「集団」を意味して使われる。herd immunity はコロナウイルスに関連して広く使われるようになった科学的用語。論議を呼んでいるが、集団免疫をつけることがコロナウイルスと付き合う究極の最善策だと公言する人たちもいる。

使用例

"The following fact check explores the current state of COVID-19 infections and deaths in Sweden, the country's response to the pandemic over the past several months, and the number of additional infections needed to possibly reach herd immunity." (Reuters)

以下のファクトチェックは、スウェーデンにおける COVID19 感染者数と死者の現況、パンデミックに対する過去 7 カ月の同国の対応、そして集団免疫を獲得するまでにさらに必要とされるであろう感染者数を調べたものだ。

117 ☐☐☐
jab
[dʒǽb]

予防接種

由来と使い方　jab は「突っつく」が基本の意味で、英語のスコットランド方言に起源がある。くだけた表現で、inoculation（予防接種）だとか vaccination（ワクチン接種）といった堅苦しい表現を使うより、はるかに言いやすい。

使用例　Mildred says she got her second jab two weeks ago and is now eager to start traveling again.

ミルドレッドは2週間前に2度目の予防接種を受けてきたので、また旅行に行きたくてうずうずしていると言う。

118 ☐☐☐
languishing
[lǽŋgwiʃiŋ]

気持ちのよどみ、虚無感

由来と使い方　動詞 languish（やつれる、落胆して過ごす）は古くからある語だが、そこから派生した名詞 languishing は、コロナ禍のロックダウン期間に多くの人々が倦怠感ややる気の欠如を感じたことで、より具体的な意味を持った。うつ状態までいかないが健康的な精神状態とは言えない、その中間の状態。

使用例　"Languishing dulls your motivation, disrupts your ability to focus, and triples the odds that you'll cut back on work." (New York Times)

気持ちの停滞はあなたの意欲を削ぎ、集中力を乱し、仕事の効率が落ちる確率を3倍にする。

119 ☐☐☐

lifehack
[láifhæk]

ライフハック

由来と使い方 hack には、コンピューターの機器的あるいはプログラミング上の問題に対して「創造的な独自の解決を図る」という意味がある。ここから、日常生活を簡単にしたり楽しくしたりできる賢いテクニックやスキルのことを言う。

- -

使用例 I found this great **lifehack** that helps me remember all the household chores I have to do. It's called a notepad.

やらなくちゃいけない家事を忘れないようにしておくための優れたライフハックはこれだ、と気がついた。その名はメモ帳。

120 ☐☐☐

mancave
[mǽnkèiv]

夫の私室、夫の趣味部屋

由来と使い方 家族が住む家の中で、夫が邪魔されることなくプライバシーを楽しむことができる部屋。den(巣)と呼ばれることもある。cave(洞窟)という語は、バットマンの Batcave のように、隠れ場所とか避難場所の比喩として使われることがある。

- -

使用例 Stuart kept all his books, CDs, LPs, magazines and newspapers in his **mancave**. He kept telling his wife that he was going to clean it up – sometime.

スチュアートは自分の本、CD、LP、雑誌、新聞を全部、自分の趣味部屋に保管してある。妻には、そのうち片付けるからと言い続けている。

121 □□□
mask mouth
[mǽsk máuθ]

マスク蒸れ

由来と使い方
マスクを着けているうち湿気が水滴になって口の周りに付くこと。多くの人は不快に感じている。特に蒸し暑い天気の時に、マスクの中に湿気がこもるのは不快だ。mask mouth は 2 つの語が同じ m- で頭韻を踏んでいて、キャッチーなフレーズになっている。

使用例
I had a really bad case of **mask mouth** after I wore one while I was doing errands downtown this afternoon. I couldn't wait to get home and take off my face mask.

今日の午後、用事で街まで出ている間マスクしてたら、マスク蒸れしちゃって大変だった。家に帰ってマスクを外すのが待ちきれなかったわ。

122 □□□
minimoon
[mínimùːn]

短いハネムーン

由来と使い方
天文関係の単語と勘違いしやすいが、普通は使われる文脈で判断できるはずだ。新婚カップルがたっぷり時間を取ってハネムーンを楽しむ時間やお金がない、ということなので、どことなく物悲しい響きがあるように感じられる。

使用例
Donald and Daisy were too busy with work to have a proper honeymoon, so they opted for a **minimoon** by going to a nearby resort for the weekend.

ドナルドとデイジーは仕事が忙しすぎてちゃんとしたハネムーンに行くことができなかった。そこで週末に近場のリゾートで済ますミニハネムーンという選択をした。

123 ☐☐☐
paleo diet
[péiliou dáiət]

パレオダイエット、原
始人食

由来と使い方 | Paleolithic era (旧石器時代) のような食事をするダイエット法。農耕に基づく現代の食事は遺伝子学的に人体にはそぐわないという考え。そのため、穀物、マメ類、乳製品は含まれない。

使用例 | Dave says he's lost 20 pounds and feels great after going on the **paleo diet**, even though he's eating a lot more meat than he used to.

デイヴはパレオダイエットをやって 20 ポンド減量して気分がいいって言ってる。だけど以前よりもかなり多く肉を食べているんだって。

124 ☐☐☐
physical literacy
[fízikəl lítərəsi]

身体的リテラシー

由来と使い方 | 走る、跳ぶ、物を投げる、キャッチするといった基本的な身体活動を行う能力に加え、モチベーションや自信などを含む人間の能力を指す。1993 年オーストラリアの医師マーガレット・ホワイトヘッドによって導入された概念。literacy は「識字、読み書き能力」から転じて「特定分野の知識や能力」を表す。

使用例 | "Children should be taught 'physical literacy' in the same way they learn to read and write." (Guardian)

子供たちは読み書きと同じように「身体的リテラシー」も教わるべきだ。

125 ☐☐☐
plandemic
[plændémik]

プランデミック、仕組まれたパンデミック

由来と使い方 | plan と pandemic（病気の世界的流行）が合わさった語。コロナ禍は政府の権力を拡げ個人の自由を制限し一部の人が金もうけするために計画されたのだと信じる人たちによって使われる言葉。アメリカの陰謀論者たちの間から広まった。

使用例 | **Many people who believe in the "plandemic" conspiracy theory support fringe political movements like QAnon, or are anti-vaxxers.**

「プランデミック」陰謀論を信じる人の多くは、Qアノンのような非主流派政治活動を支持していたり、ワクチン反対論者であったりする。

126 ☐☐☐
PPE
[píːpíːíː]

個人用防護具
= personal protective equipment

由来と使い方 | social distancing（133）や contact tracing（097）ほど一般的ではないとはいえ、これもパンデミック中にかなり浸透した言葉。最前線の医療関係者にとっての PPE にはガウン、フットカバー、ゴーグル、マスクや手袋などが含まれる。

使用例 | **The Health Ministry has come under fire for not getting enough PPE to people on the health-care front line.**

厚労省は医療の最前線に立つ人たちへの十分な防護用品が準備できていないことで集中攻撃にさらされた。

127 ☐☐☐
psychological safety
[sàikəládʒikəl séifti]

心理的安全性

由来と使い方
人が考えや疑問、不安などを安心して口に出せる状況や環境を言う。罰せられたり嫌な目に遭わされたりする恐怖や脅迫的な空気感のある企業や組織も存在するが、diversity（多様性）と inclusivity（包括）への認識が高まる中で、人事関連の専門家を中心に広まっている概念。

使用例
"When you have **psychological safety** in the workplace, people feel comfortable being themselves. They bring their full selves to work and feel okay laying all of themselves on the line."
(Center for Creative Leadership)

あなたが職場で心理的安全性を感じるなら、他の人たちもありのままで居心地よく感じている。職場で自分を隠すところなく、思うまますべて率直に話しても大丈夫だと感じている。

128 ☐☐☐
revenge spending
[rivéndʒ spéndiŋ]

（支出活動の制限が解けた後の）反動の爆買い

由来と使い方
パンデミックによる制限が多くの国で徐々に緩和されたことで使われるようになった語。消費者としての自分を再び取り戻し、活動制限の終わりを祝うという考えが背景にある。

使用例
"**Revenge spending** throughout China in May [2020] allowed the country to be one of the only places where luxury spending was growing while the rest of the global market suffered."
(Glossy.co)

（2020 年）5月の中国全土での反動的爆買いのおかげで、中国は、世界の他の市場が苦しんでいるのを尻目に贅沢品購買が増加した数少ない国の一つになった。

129 ☐☐☐
seagan
[síːɡən]

シーガン、魚やシーフードも食べる菜食主義者

由来と使い方
vegan（ヴィーガン、菜食主義者）という言葉をもじった分かりやすい造語。言葉としては分かりやすいが、動物性食品を徹底的に避ける「完全菜食主義」を意味する vegan にシーフードを組み合わせるのはあまりいい造語ではないかもしれない。

使用例
Everyone was so surprised when Daphne started munching on pickled herring at the picnic because they thought she was a vegan. But she corrected them and told them she was a seagan.

ピクニックでダフネがイワシの酢漬けをもぐもぐ食べ始めたので、彼女がヴィーガンだと思っていた周りは驚いた。しかし彼女は、自分はシーガンなのだとみんなの認識を訂正した。

130 ☐☐☐
second wave
[sékənd wéiv]

第二波

由来と使い方
もともとあった表現がコロナ時代に適応して新しい使われ方をする例の一つ。コロナウイルス感染の「第〜波」はすっかり広く認識され、恐怖されている概念で、パンデミックとわざわざ言わずともその意味するところは即座に通じる。

使用例
Investors say equity markets are vulnerable to the impact of a second wave and are worried about the prospect of a long-term bear market.

株式市場は第二波の衝撃に弱く、長期の売り相場に懸念があると投資家たちは言っている。

131 ☐ ☐ ☐
silver alert
[sílvər ələ́:rt]

シルバーアラート
高齢者が行方不明になったと
き出される協力を求めるお知ら
せ

由来と使い方

red alert（非常事態警報）をもじった言葉遊び。silverは白髪の色から、高齢者を指す言葉としてよく使われる。シルバーアラートは、特に行方不明になった高齢者が認知症などの認識機能障害を持っている場合に出される。

使用例

The neighborhood was plastered with **silver alert** notices asking for information about poor old Mrs. Cameron, who went missing on Monday afternoon after telling her next-door neighbor she was going shopping.

気の毒なキャメロンさんの情報を求めるシルバーアラートのポスターが地域に張り出された。月曜の午後に、買い物に行くとお隣さんに告げたまま行方が分からなくなったのだ。

---

132 ☐ ☐ ☐
soccer mom
[sákər mám]

サッカーママ

由来と使い方

サッカーなどの子どもの課外活動をサポートするのに積極的で、時に攻撃的にもなる、白人上位中流階級女性。アメリカの多くの州において、郊外に住むこうした女性は浮動票としての重要な存在であるので、社会学的意味とともに政治的意味も持つ。

使用例

Any candidate who hopes to win the presidency has to make a successful appeal to the **soccer moms** of America.

大統領の座を勝ち取りたい候補者は、アメリカのサッカーママたちにうまくアピールしなくてはならない。

133 ☐☐☐
social distancing
[sóuʃəl dístənsiŋ]

ソーシャルディスタンス

由来と使い方
伝染病の流行時に、周りの人と距離を保ったり、直接的な接触を避けたりすること。メリアム＝ウェブスター辞典には、SARS（重症急性呼吸器症候群）がはやった 2003 年に初めて使われたとあるが、一般化したのは新型コロナウィルスの流行時。

使用例
"The concept of social distancing during a pandemic has been around since the Middle Ages." (New York Times)
パンデミック期間中のソーシャルディスタンスの概念は、中世から存在している。

134 ☐☐☐
superspreader
[súːpərsprèdər]

スーパースプレッダー、超感染拡大者

由来と使い方
ウイルスに感染した人で、周囲に感染を広げる可能性が非常に高い人のこと。新規感染の 80％は、保菌者の 20％以下によって引き起こされる。中でも 1 人で異常に多くの人に感染させるキャリアのことをスーパースプレッダーと呼ぶ。また、大人数が集まり感染拡大の原因となるようなイベントを superspreader event と呼ぶ。

使用例
"Lots of outbreaks around the world have been linked to single events where a superspreader likely infected dozens of people." (MIT Technology Review)
世界中で起きている感染爆発は、1 人のスーパースプレッダーが一度に何十人もの人に感染を広げたそれぞれのイベントと関連があると見られている。

135 ☐☐☐

unretire
[ʌ́nritàiər]

引退を返上する

由来と使い方
一度引退した人が再び労働市場に戻ること。1940 年代に遡る言葉だが、近年多くの退職者が厳しい経済的圧迫を感じるにつれて、再度よく目にする言葉になった。

使用例
Gerald had to **unretire** and get another job because of the unexpected medical fees he and his wife had to pay.

ジェラルドは自分と妻の想定外の医療費を支払うために、引退を取りやめて再就職をしなくてはならなかった。

136 ☐☐☐

vape
[véip]

電子タバコを吸う

由来と使い方
vapor（蒸気）からできた動詞。2000 年代初めから使われている。普通のタバコを吸う人の smoker に対して、電子タバコ利用者は vaper と呼ばれる。

使用例
"Teen **vaping** rates rose sharply this year, and a quarter of 12th grade students say they have used nicotine **vaping** products in the last month." (New York Times)

10 代の電子タバコ喫煙率は今年急増しており、12 年生の 4 分の 1 が過去 1 カ月にニコチン含有の電子タバコ製品を使ったと言っている。

137 ☐☐☐
walk score
[wɔ́ːk skɔ́ːr]

ウォークスコア

由来と使い方 | 健康維持の観点から、地域の歩きやすさや徒歩圏内にある施設の充実度を数値で表したもの。70 以上だと「良」、90 以上は「歩行者にとって天国」と見なされる。多くの不動産屋が広告にこのスコアを掲げている。

使用例 | Tom and Edna decided to buy the condo because of its high **walk score** – so many stores and restaurants are within easy walking distance.

トムとエドナは、ウォークスコアが高いという理由でその分譲マンションを買うことにした。歩いてすぐの範囲にとてもたくさんの店やレストランがあるのだ。

138 ☐☐☐
WFH
[dʌ́bljùːéféitʃ]

在宅勤務 (する)
= work(ing) from home

由来と使い方 | 新型コロナウイルスのパンデミックにより、多くの人が職場に通勤するのをやめて在宅で働くようになってから、大変よく使われるようになったフレーズ。

使用例 | (in text chat)
A: How's life with you these days?
B: In **WFH** mode.

（チャットで）
A: この頃どうしてる?
B: リモートワークモードさ。

139 ☐☐☐
workation

[wɔ̀ːrkéiʃən]

ワーケーション

由来と使い方

work（仕事）と vacation（休暇）の合成語で、休暇旅行をしながら仕事をすること。コロナ禍以前からよく使われていた語だが、パンデミック中には多くの人が旅行に行けずに家にいるため、workation よりも staycation（自宅での休暇）の方が断然現実的である。

使用例

George's wife hated how every summer he'd ruin the family holiday by treating it as a **workation** – he couldn't forget about his work even when he was sitting poolside at a tropical resort.

ジョージの妻は夫が毎夏の家族旅行をワーケーション化して台無しにしてしまうのに我慢がならなかった。彼はトロピカルリゾートのプールサイドにいても仕事のことが頭から離れないのだった。

言葉の豊かな土壌、インターネット

本書で最も大きな章が「SNS・インターネット」なのは当然
です。インターネットが、新しい語彙や表現を生み出す非常
に豊かな土壌であり、言語の発展を加速させてきたことは間
違いありません。phishing（061）のような言葉は、ネット
上でのみ起こる現象を表すために作られました。NFSW(not
safe for work、056)のような言葉は、ほとんどサイバー空
間で起こることを表すのに使われています。

新しいコミュニケーションメディアが独自の語彙を生み出す
のは当然ですが、インターネットは単なる新しいメディアで
はありません。大きさではなく、私たちの交流の仕方を根本
的に変えてしまった全く新しい文化だと言えるでしょう。例
えば、多くの人が電話をかける代わりにテキストメッセージ
を送るのを好むようになりました。そして、それに合わせた
言語も発展してきました。

また、インターネットは、私たちが情報にアクセスする方法
にも大きな影響を与えています。無限の図書館であるインタ
ーネットがなかったら、この本のためのリサーチがどれほど
困難だったか想像に難くありません。

限りなく独創的な英語は、気の利いた新しい語彙や表現を生
み出すことで、この新しいインターネット文化の影響を反映
しています。それら（の語彙や表現）は、グーテンベルク以
来の最大のコミュニケーション技術の革命を理解し活用する
ために私たちに必要な言語的ツールを提供してくれるので
す。言語を愛する私たちにとって、今はエキサイティングな
時代です。

政治

激動する世界に合わせて、各国政府の政策や方針も大きく揺れ動いています。英国のブレグジット、アメリカの国内政策の強化など、国論を二分し人々の分断を生むような政策に関する語彙が増え続けています。

140 ☐☐☐
alternative facts
[ɔːltáːrnətiv fǽkts]

もう一つの事実、代替的な事実
虚偽であることの婉曲表現

由来と使い方
トランプ大統領の就任式に集まった群衆の人数を実際より多く述べたシーン・スパイス報道官を、ホワイトハウス顧問のケリアン・コンウェイが擁護しようとして使ったフレーズ。それ以来、alternative factは、証拠のある現実ですらねじ曲げる行為への軽蔑を込めて使われるようになった。

使用例
"Trump Has Made **Alternative Facts** a Way of Life" (headline, New York Times)
トランプはもう一つの事実を生き方にしている

141 ☐☐☐
Anglosphere
[ǽŋglousfiər]

アングロスフィア

由来と使い方
イギリスとの歴史的な関係を持ち、慣習法と人権の文化的遺産を共有する英語圏の国々。Angloは Anglo-Saxonに由来し、「英国系の」という意味。-sphereは、人や物が活動し存在する「地域、範囲」という意味で付けられている。

使用例
Countries that belong to the **Anglosphere** maintain close political, diplomatic and military ties because of their perceived common values.
アングロスフィアに属する国々は共通であると認識している価値観を基に政治的、外交的、軍事的つながりを密に保っている。

142 ☐☐☐

antifa
[ǽntifə]

アンティファ、反ファシスト

由来と使い方

anti-fascistの短縮。左翼とナチ自警団が激しく衝突していた時代のドイツで発祥した言葉。近年のアメリカで、左派政治色の強い人たちが、ブーガルー運動 (147) のような集団に対して強気の路線で接する中でよく使われるようになってきた。

使用例

Portland, Oregon, saw street battles between **antifa** members and white nationalists.

オレゴン州ポートランドで最近、アンティファメンバーと白人ナショナリストたちの間での路上戦があった。

143 ☐☐☐

astroturfing
[ǽstroutə̀ːrfiŋ]

偽の草の根運動、やらせ

由来と使い方

一般市民が行う「草の根運動」を装っているが、実は活動の背後に隠れたスポンサーや組織がいること。Astroturfというのは本物の芝のように見える人工芝のブランド名。grassroots (草の根) かと思ったら人工芝だった、という言葉遊びである。

使用例

"New forms of software enable any organisation with the funds and the know-how to conduct **astroturfing** on a far bigger scale." (Guardian)

新しいソフトウエアの形態は、資金もノウハウも持った組織が草の根運動に見せ掛けた活動をはるかに大規模に行うことを可能にする。

144 ☐☐☐

birther
[bə́ːrθər]

バーサー、オバマ氏の出生地に疑問を抱く人

由来と使い方
アメリカ大統領選挙に出る資格条件の一つに「アメリカ国内で生まれたこと」があるが、トランプ元大統領が、オバマ元大統領の出生地を疑う発言をしたことで広がった言葉。この言葉には、黒人大統領を受け入れられない白人たちの人種差別主義が見え隠れする。

使用例
The TV network was criticized for giving airtime to the birthers who questioned Obama's citizenship.

オバマの市民権を疑うバーサーたちに放送時間を割いたことで、そのテレビネットワークは非難された。

---

145 ☐☐☐

BLM
[bíːélém]

ブラック・ライブズ・マター、黒人の命だって大事
= Black Lives Matter

由来と使い方
2020年5月にミネアポリスでジョージ・フロイドという黒人男性が、非武装にもかかわらず警官に殺された事件の後、アメリカやその他の国々で急速に広まった。法執行機関における暴力と構造的人種差別問題に注目を集めることがこの抗議活動の目的だ。

使用例
"BLM in Tokyo also called attention to Japan's own issues with anti-Black racism." (The World radio program)

ブラック・ライブズ・マターは東京においても日本独自の黒人差別の問題を提起した。

146 □□□
blue state
[blú: stéit]

ブルーステート、民主党の強い州

由来と使い方
青には、true blue conservative（根っからの保守派）などの表現があるので、リベラルの民主党の強い州（両沿岸部）がテレビ画面で「青」で表されるのは多少ややこしい。が、blueと「右翼・保守」のつながりはredと「左翼・リベラル」ほど強くはない。

使用例
Jack says he's proud to be a registered Democrat and is glad he's living in a **blue state** where people espouse what he calls progressive values.

ジャックは、民主党員として登録した自分を誇りに思うし、自分が進歩的価値と呼ぶものを人々が支持するブルーステートに自分が住んでいることをうれしく思っていると言う。

147 □□□
boogaloo movement
[bú:gəlù: mú:vmənt]

ブーガルー運動

由来と使い方
人種間戦争や内戦を扇動しようとする人で緩やかに組織された、アメリカの極右ファシストの反政府運動。銃規制反対の反政府運動のメンバーたちは第二次アメリカ内戦を準備、または望んでいると公言している。彼らはSNSで規制されることを避けるために、第二次アメリカ内戦のことを「ブーガルー」と呼んでいる。

使用例
"The loosely affiliated **boogaloo movement** and its ties to white nationalist or white supremacist groups are extremely complicated." (Vox)

緩やかに連携するブーガルー運動と、白人ナショナリストや白人至上主義グループとの連携は、複雑怪奇だ。

148 ☐☐☐
Brexodus
[bréksədəs]

ブレクソダス

由来と使い方
イギリスの EU 離脱をきっかけとした、個人やビジネスの大量流出のこと。Brexit（ブレグジット、イギリスの EU 脱退）はそれ自体 Britain（イギリス）と exit（退出）の合成語だが、これに、旧約聖書にある出エジプトのような「大量脱出、集団流出」を意味する exodus をさらに合成させた語。

使用例
"Brexodus: the world's highly skilled have options other than the UK" (Times Higher Education)

ブレクソダス：世界的に高い技能を持つ人々は英国以外の選択肢を持つ

---

149 ☐☐☐
Critical Race Theory (CRT)
[krítikəl réis θíːəri]

批判的人種論

由来と使い方
人種という概念は社会的に造られたもので、人種差別主義は個々の偏見によるものだけではなく、法体系や政策の中に組み込まれているとする理論。賛否両論のある考え方だが、構造的差別の解消に必要と考える人もいる。

使用例
"Critical Race Theory emerged out of postmodernist thought, which tends to be skeptical of the idea of universal values, objective knowledge, individual merit, Enlightenment rationalism, and liberalism." (Education Week)

批判的人種論は、普遍的価値、客観的知識、個々の利点、啓蒙合理主義、そして自由主義といった考えに対して懐疑的な傾向にあるポストモダニズムから生まれた。

150 ☐☐☐
deep state
[díːp stéit]

ディープステート、闇
の国家

由来と使い方
ドナルド・トランプがアメリカ大統領になってから、右翼サークル内で使用頻度が跳ね上がった言葉。政府の政策を裏で操作しているとされる秘密のネットワーク。多くの狂信的支持者たちの偏執的、陰謀論的、反体制主義的な世界観を反映している。

使用例
Ron tried to convince me that people working for the **deep state** were subverting President Trump's agenda and putting mind-altering chemicals in the town's water supply.

ロンったら、ディープステートのために働く連中がトランプの政策を妨害してて、精神に作用する薬を市の上水道に混入してるんだって私に信じさせようとしたのよ。

151 ☐☐☐
dog whistle
[dɔ́ːg hwísl]

犬笛、特定の相手だ
けにわかるメッセージ

由来と使い方
特定の集団に向けて発信され、彼らだけが理解できるように作られた政治的メッセージのこと。犬笛の周波数は高すぎて人間には聞き取れない。同様に、その真の意味が隠されていて、特定の人しか理解できないメッセージを dog whistle と呼ぶようになった。

使用例
"House Minority Leader Kevin McCarthy said Friday that the Republican Party is not the party of 'nativist **dog whistles**' in an apparent response to a new right-wing caucus that explicitly calls for promoting 'Anglo-Saxon political traditions.'" (The Hill)

下院のケビン・マッカーシー少数党院内総務（共和党・カリフォルニア）は金曜日、「アングロサクソン的政治伝統」をあからさまに推し進める新右派の幹部会へのはっきりとした応答として、共和党は「移民排斥主義者の犬笛」の党ではないと述べた。

152 ☐☐☐

drink the Kool-Aid
[dríŋk ðə kúːlèid]

（明らかなインチキを）信じ込む、（危険な思想の）信奉者になる

由来と使い方

1978年に南米ガイアナのジョーンズタウンでアメリカの宗教的カルト集団 People's Temple（人民寺院）のメンバーたちが起こした集団自殺・大量虐殺事件に由来する。その際、シアン化合物を Kool Aid というソフトドリンクに入れて飲んだことから。

使用例

Oh, man, Bob believes that insane conspiracy theory about Martians and the coronavirus. He's really **drunk the Kool-Aid** this time.

なんてこった、ボブはあの正気とは思えない火星人コロナウイルス陰謀論を信じていやがる。今回はすっかりインチキをうのみにしたな。

153 ☐☐☐

fake news
[féik njúːz]

フェイクニュース

由来と使い方

文字通り、真実ではないニュース。アメリカ元大統領トランプ氏によって広く一般的になった。彼は自分が同意しないニュースや情報源を侮辱するために使っていた。現在では誤報や偽情報といったより大きな文脈で使われている。

使用例

When asked about the reports of the scandal, the president dismissed them as **fake news**, without any further explanation.

スキャンダルの報告について尋ねられた大統領は、それ以上説明することもなく、フェイクニュースだと一蹴した。

154 ☐☐☐

game out (a scenario)

[géim áut (ə sinǽriòu)]

可能性をとことん探る

由来と使い方
どの選択肢を取ればどんな結果が想定されるか検討すること。社会科学の分野で、データから最適な方法で推論して意思決定を行う手法である「ゲーム理論」に由来すると考えられる。

使用例
"A bipartisan group **gamed out** a contested Trump-Biden election." (Boston Globe)

二党連立グループは競い合うトランプ対バイデン選挙の行方をとことん探った。

155 ☐☐☐

intermestic

[ìntəːrméstik]

国内的にも国際的にも関係した

由来と使い方
international（国際的な）と domestic（国内の）を合体させた語。国際問題と国内問題が重複する経済や環境といった分野において、国内政策にも影響を及ぼし合う二国間の相互の関心事などを説明するときに使われる。

使用例
Canada and the United States have to deal with many **intermestic** issues, such as maritime safety standards and pollution in the Great Lakes.

カナダとアメリカは、海上保安基準や五大湖の汚染といった数々の国内・国際問題に対応しなくてはならない。

156 ☐☐☐

kompromat
[ká:mprəmæt]

不名誉な情報

由来と使い方

ソビエト時代のロシアの諜報機関で使われていたロシア語が基になっている。英語の compromising material（名誉を損なう材料）に当たる語を略したもの。政治家や社会的影響力のある人間を脅したり操ったりするために利用する「黒い情報」のこと。近年、トランプ元大統領絡みでメディアで多用された。

使用例

"Cohen's Plea Suggests Russians Held 'Kompromat' on Trump"
(headline, Bloomberg)

マイケル・コーエンの答弁でロシアが「トランプに関する黒い情報」を握っていたと示唆される

157 ☐☐☐

left coast
[léft kóust]

左沿岸、（リベラルの多い）アメリカ西海岸地域

由来と使い方

地図で西が「左側」にあることと、アメリカ西海岸に住む人たちは政治的に「左寄り」であることを掛けた言葉遊び。

使用例

Andy was excited about being transferred to the company's San Francisco office, but as a conservative he wondered how well he would be able to adjust to life on the left coast.

アンディーは会社のサンフランシスコ・オフィスに転勤が決まってワクワクしていたが、保守派の彼が左海岸の生活にうまく溶け込めるか不安でもあった。

158 ☐☐☐
MAGA
[mága]

アメリカを再び偉大に
しよう
= Make America Great
Again

由来と使い方 "Make America Great Again" は 2016 年のアメリカ大統領選挙におけるドナルド・トランプのキャンペーンスローガンだった。そして、その頭文字をつなげた形が、彼の支持者達が集会であげるスローガンとして叫ばれ続けている。

使用例 I saw Jack wearing a **MAGA** hat the other day. I thought he had more sense than to support Trump.

先日ジャックが MAGA 帽子をかぶっているのを見ちゃったよ。トランプを支持するような分別のないやつだとは思わなかった。

159 ☐☐☐
optics
[áptiks]

人々の物の見方、
人々に与える印象

由来と使い方 「光学」という元の意味から転じて「物の見え方、状況の受け取られ方」を意味する。過去十数年間、政治やビジネス談話の中で広く使われてきた語。こうした分野で国民の認識を意識し、操作する必要性に気付いてきたことを反映している。

使用例 "A scenario in which NATO starts bombing the very forces they previously helped would have 'bad **optics**,' as they say in Washington." (Economist)

NATO が以前は助けた軍隊を今度は攻撃対象にするというシナリオは、ワシントンで言うところの「一般大衆に対する悪い印象」を与えるものだ。

160 □□□
purple state
[pə́:rpl stéit]

パープルステート、民主党と共和党が拮抗している州

由来と使い方
共和党の強い州を示す「赤」と、民主党の強い州を示す「青」を混ぜると、紫になる。そのときの投票次第でどちらの党に傾くか分からない州を示す便利なやり方だ。こうした州は swing state（揺れる州、激戦州）とも呼ばれる。

使用例
Jack observed that due to the way the U.S. electoral system works, people who live in **purple states** have more political power than people who live in red or blue states, whose votes the political parties take for granted.

アメリカの選挙制度の仕組みでは、パープルステートに住む人の方がレッドやブルーの州に住む人たちより政治的な力を持つとジャックは見ている。レッドやブルーの州では各党が票を取れて当然と見なすからだ。

161 □□□
pushback
[púʃbæk]

押し戻し、抵抗、反発

由来と使い方
この言葉自体は新しくないが、政治的に使われ始めたのは比較的最近のことである。特にアメリカにおけるポピュリストや反体制派の政治勢力の隆盛に伴い使われるようになった。

使用例
The governor's plan to weaken the state's gun-control laws led to strong **pushback** from people concerned about the growing level of gun-related violence.

州の銃規制法を緩和しようとした州知事の計画は、銃関連の暴力事件の増加を心配する人たちの強い押し戻しにつながった。

162 ☐☐☐

QAnon
[kjúːənán]

Qアノン

由来と使い方

2017年10月に「Q」を名乗る匿名の(anonymous)人物によってインターネットに書き込まれ、支持者を増やした極右の陰謀論。トランプ大統領(当時)を陰謀と戦う英雄とまつり上げる。Qはおそらく1人の人間であったはずだが、極秘情報にアクセスできると主張する多くの人たちに膨れ上がった。

使用例

"An internal investigation by Facebook has uncovered thousands of groups and pages, with millions of members and followers, that support the **QAnon** conspiracy theory." (CNN)

フェイスブックの内部調査により、Qアノン陰謀論を支持し、数百万人のメンバーやフォロワーを擁する、数千のグループやページが発見された。

163 ☐☐☐

reach across the aisle
[ríːtʃ əkrɔ́ːs ðə áil]

党派を超えて協力する

由来と使い方

議会や立法機関ではたいてい、議員たちが政党ごとに座り、その間には政党を分ける通路がある。その通路越しに、イデオロギー的に対立する相手と超党派で話し合ったり、協力したりすることを表している。

使用例

"Biden has a strong track record of being able to 'reach across the aisle' to implement bipartisan legislation that will be able to reunite America." (Parlia.com)

バイデンには、アメリカを再統一できるような超党派の法案を実現するために、「党派を超えて協力」できるという、強い実績がある。

164 ☐☐☐
red state
[réd stéit]

レッドステート、共和
党の強い州

由来と使い方
赤には、Red China（中国共産党）とか Red Army（赤軍）のように、左翼と結びつくイメージもある。しかし、アメリカのテレビ局の選挙報道では、地図上で（保守の）共和党が強い州（内陸の州）を赤く表すのが通例になっている。

使用例
Jill says she's proud to be a registered Republican and is glad she's living in a **red state** where people espouse what she calls traditional values.

ジルは、共和党員として登録済みの自分を誇りに思うし、自分が伝統的価値と呼ぶものを人々が支持するレッドステートに住んでいることをうれしく思っていると言う。

165 ☐☐☐
RINO
[ráinou]

名ばかりの共和党員
= Republican in name only

由来と使い方
米国の共和党保守層が、穏健でリベラルな共和党員に対して軽蔑的に使う表現。サイを表す rhino と同じ発音になるため、the changing（より保守的な政治情勢）のような外の刺激に鈍感、というニュアンスも込められる。

使用例
The right-wing challenger succeeded in beating the more moderate "RINO" incumbent in the Republican primary election.

右派の新人候補者は共和党予備選で、中道寄りの「名ばかり共和党」現職候補を破ることに成功した。

166 □□□
SJW
[ésdʒéidʌbljùː]

社会主義の戦士
= social justice warrior

由来と使い方 20世紀後半には、社会正義を求める活動家たちを指して中立的、肯定的に使われていた。しかし、後にSNSで使われ始めると、進歩的な政治理念を持つ人を揶揄して否定的意味に使われるようになった。

使用例 Herbert is the kind of obnoxious **SJW** who likes making people feel guilty for eating meat, driving a car, or anything else he considers bad for society or the environment.

ハーバートは、肉を食べたり車を運転したりなど、彼が社会や環境に悪いと考えることをしている人に対して、罪悪感を持たせたがる不愉快なSJWだよ。

167 □□□
systemic racism
[sistémik réisizm]

制度的人種差別

由来と使い方 法制度や社会規範を通じて、社会、ビジネスなどの全体に深く根差した人種差別。institutional racism（構造的人種差別）とも言う。2020年のBLM（Black Lives Matter）運動 (145) でこの表現が広く使われるようになった。黒人以外、例えばカナダの先住民たちへの扱いの問題などでも使われている。

使用例 "The U.S. should consider 'a wide range of possibilities' to make up for the impact of slavery and **systemic racism** on the financial health of Black families, with reparations one of the options, Atlanta Fed president Raphael Bostic said on Thursday." (Reuters)

合衆国は一つのオプションとしては賠償金も視野に入れて、奴隷制や制度的人種差別の悪影響を償うために黒人家族への財政支援を「可能性の幅を広く」考慮すべきだ、とアトランタ連邦準備銀行のラファエル・ボズテック総裁は木曜日に述べた。

168 ☐☐☐

take a knee
[téik ə níː]

片膝をつく

由来と使い方
2016年のアメリカで、警察の横暴と人種差別に対して抗議するために、スポーツ選手が本来起立すべき試合前の国歌演奏中に片膝をついて起立を拒否した。以来、人種差別に抗議するジェスチャーとして世界的に広まっている。

使用例
Donald Trump and his supporters got incredibly angry every time an athlete took a knee when the national anthem was played before a game.

試合前の国歌演奏中に選手が片膝をつくたびに、ドナルド・トランプとその支持者たちは信じられないほど怒り狂った。

169 ☐☐☐

the Swamp
[ðə swámp]

（濁った水のたまった）沼、腐敗した集団

由来と使い方
大統領選挙中や当選後、トランプとその支持者たちは drain the swamp（沼の水を抜く）というフレーズを繰り返し使った。ワシントンの政治家や官僚が腐敗してドロドロした状態になっていて、自分はそれを一掃する、というイメージを打ち立てる企ての一つだった。

使用例
Trump pledged to "drain the Swamp" and end corruption in Washington, but many members of his administration were accused of corrupt practices and ethics violations.

トランプは「沼の水を抜い」てワシントンの汚職を終わらせると公約したが、彼の政権の多くのメンバーが贈収賄だの倫理規定違反だので告訴される始末だった。

170 □□□
Trumpworld
[trʌ́mpwə̀ːrld]

トランプワールド

由来と使い方 | ドナルド・トランプを取り巻く世界であり、彼の支持者が思い描く世界のこと。政治も人間関係も「deal＝取り引き」が中心で、弱さは見下される。彼を中心に別の現実（alternative facts）が作り上げられている、と言う点で、夢の国 Disney World のパロディーと取ることもできる。

使用例 | "Reality Bursts the **Trumpworld** Bubble" (headline, New York Times)
現実がトランプワールド・バブルを弾けさせる。

171 □□□
vaccine diplomacy
[vǽksìːn diplóuməsi]

ワクチン外交

由来と使い方 | コロナワクチンの供給を利用して政治的、外交的優位を得ようとすること。ワクチンを入手できる国が、ワクチン需要に対応できていない国や地域に対してワクチン供給という得点稼ぎをし影響力を増すにつれ、メディアのなかで広く使われるようになった。

使用例 | "Russia and China are beating the US at **vaccine diplomacy**, experts say" (headline, NBC News)
専門家たちによれば、ロシアと中国がワクチン外交でアメリカをリードしている。

172 ☐☐☐
VUCA
[vúːkə]

VUCA
= volatility, uncertainty,
complexity and ambiguity

由来と使い方

順に「不安定」「不確実」「複雑」「あいまい」であることをまとめて言う頭文字語。冷戦終結時、米軍がこの言葉で世界状況を説明したのが始まり。以来、ビジネスや政治などさまざまな分野で現況分析や将来の計画といった文脈で使われる。言い換えるなら、expect the unexpected(不測の事態に備える)。

使用例

"It's become a trendy managerial acronym: VUCA, short for volatility, uncertainty, complexity, and ambiguity, and a catchall for 'Hey, it's crazy out there!'" (Harvard Business Review)

VUCAはトレンディーな経営の頭文字語になった。不安定性、不確実性、複雑さ、あいまいさの略であり、「おい、世の中ハチャメチャだぞ!」を一言にした表現だ。

173 ☐☐☐
wedge issue
[wédʒ íʃuː]

分断させる課題

由来と使い方

wedgeは「くさび」のこと。転じて、集団や政党などの組織メンバーを分断させる(政治的)課題を指す。近年、ジェンダー平等、堕胎、銃所有などといった問題が意見対立を招いている。

使用例

"China Is Going to Be a Republican Wedge Issue" (headline, The Nation)

中国が共和党を二分する問題になりつつある

whataboutism

[*h*wʌ́təbautízm]

そっちこそどうなんだ
主義

由来と使い方

批判された人が、What about ~?（じゃあ～はどうなんだ？）と話の矛先を変えようとすること。特に、相手にも問題があると指摘することで、相手の信用を無くそうとする手法。1970年代に初めて使われたと言われるが、近年では、SNS内の議論でよく使われている。

使用例

"It's tempting to look at **whataboutism** dismissively, as I'm certainly guilty of, and it is unquestionably used plenty of times by overzealous partisans who are operating in bad faith." (Washington Post)

そっちこそどうなんだ主義を軽視したい気持ちに駆られるし、私も確かに同罪だが、行き過ぎた熱意を持ち誠意のない行動を取る一派によって何度となく使われているのは間違いない。

記述的であるべきか、規範的であるべきか

辞書は、単にその言語の単語を記述し、リストアップするだけのものであるべきか、それとも単語の「適切な」使用法を指示したり、少なくともその使用上の注意を提供したりするものであるべきか——これは lexicographers と呼ばれ、（サミュエル・ジョンソンが言うところの「無害な骨折り職人」である）辞書の編集者たちの間で最も長く続いている議論です。

私は、少なくとも本書に関しては、記述的なアプローチに寄っています。なぜなら、この本の基本的なコンセプトは、最先端の英語をわかりやすく、正直に伝えることだからです。

とはいえ、この本の中には、礼儀正しい場では使わないほうがいいと思われる危険な単語や用語もあります。ネイティブ同士の会話では頻繁に登場するので、トラブルを避けるためにはぜひ知っておいてほしいのですが、少なくとも自分からは使わないほうがいい語彙です。

そのため、ちょっときわどい、あるいは本当にわいせつな見出し語の横に、小さな警告サイン ⚠ を付けることにしました。これらの言葉や表現の使用には注意し、文脈や場面をわきまえなければならないことを覚えておいてください。

Gender / Sexuality

ジェンダー・性

LGBTQ＋や性の多様性を尊重する動きが活発化する
昨今、それらに関連する語彙もどんどん増えています。
英語ニュースやネイティブ同士の会話で頻繁に登場す
る語彙を押さえておきましょう。

175 ☐☐☐
bicurious
[bàikjúəriəs]

バイキュアリアス

由来と使い方
bisexual（バイセクシャル）の bi- を curious（好奇心のある）にくっつけた言葉。自分のセクシュアリティーに確信が持てないが、とりあえず、どちらの性にも魅力を感じる人を表す形容詞。

使用例
In online chat sessions Ralph describes himself as "**bicurious**," because while he considers himself heterosexual, he thinks he may in fact be bisexual – but he isn't sure.

オンラインのチャットセッションでラルフは自分がバイキュアリアスだと説明した。というのも、自分がヘテロ（異性愛）だとは思うが、実はバイかもしれないし、自分でもはっきりしないのだ。

176 ☐☐☐
bromance
[bróumæns]

二人の男性間の絆

由来と使い方
brother（兄弟）と romance（ロマンス）の合成語。とても親しい（が性的な関係はない）男性同士の関係を表し、映画の登場人物間の強い絆を説明するのに使われる。例えば、『明日に向かって撃て』のロバート・レッドフォードとポール・ニューマンが演じた役の関係など。

使用例
Many women I know like movies that feature **bromances** between the main male characters, but some guys don't like that.

私の知る多くの女性は男性主人公たちの特別な男の絆を描いた映画を好むが、男性はその限りではない。

177 ☐☐☐

cisgender

[sísdʒèndər]

シスジェンダー
生まれついた性と自分の認識
する性が一致している人

由来と使い方

要は「トランスジェンダーでない人」のこと。性的指向を指す言葉ではないことに注意。transgender の trans- が「向こう側」を意味するのに対して、cis- は「こちら側」を意味する接頭辞。固定的でない性自認への一般認識が高まるにつれ、広く使われるようになってきた。

使用例

"Among transgender children, gender identity as strong as in **cisgender** children, study shows" (headline, University of Washington News)

トランスジェンダー児童における性自認の強さはシスジェンダー児童と同様であると、研究が示す

04
ジェンダー・性

178 ☐☐☐

demisexual

[dèmi:sékʃuəl]

デミセクシュアル

由来と使い方

demi は「半分」で、その人が sexual（性的）と asexual（性に興味のない）の中間であることを意味する。デミセクシュアルの人は、相手に性的な魅力を感じる前に情緒的な関係を築く必要がある。今ほど性に解放的でない時代であったなら、全く普通のことと考えられていただろう。

使用例

When Lydia hooked up with Roger, she realized that she was **demisexual**, not asexual. She'd just been waiting for the right guy to come along and fall in love with.

リディアはロジャーと付き合い始めて、自分が性に無関心なのではなく、デミセクシュアルなのだとわかった。自分に合った男が現れて恋に落ちるのを待っていただけだったのだ。

103

179 ☐☐☐

flirtationship

[fləːrtéiʃənʃip]

恋愛未満の関係

由来と使い方

特定の相手に気のある様子を見せる flirtation と、relationship（恋愛関係）の合成語で、ふざけ合ったりするが恋愛関係には至らない中間状態を表す。そうした関係の持つ、冗談と本気が半々のニュアンスがよく出ている。

使用例

People thought that Jane and Fred were lovers, but when they heard that, they laughed and said they only had a flirtationship.

人々はジェインとフレッドが恋人同士だと思っていたが、それを聞いた二人は笑い飛ばして、自分たちはただのじゃれ合う仲だと言った。

180 ☐☐☐

FWB

[éfdÁbljùːbíː]

セフレ、都合のいい友達

= friends with benefits

由来と使い方

合意のもと、気が向いたらセックスをする関係を指す。オンラインの出会い系サイトで広く使われるようになった、ごく最近の言葉。

使用例

Mary wanted a serious relationship, but John was only interested in FWB.

メアリーは真剣な関係を望んだが、ジョンはただのセフレの関係にしか興味がなかった。

181 □□□

gaydar
[géidɑːr]

ゲイダー、ゲイ探知
能力

由来と使い方 gay（同性愛者）＋ radar（レーダー）。第一印象や外見でその人がゲイ
かどうかを見分ける能力を指す。状況・文脈や発話者によって、ユーモ
ラスな使い方なのか、同性愛嫌悪的な使い方なのかが変わってくる。

使用例 Reg was proud of what he called his "**gaydar**" skill in quickly
telling whether a guy was gay or straight.

レッジは彼が呼ぶところの「ゲイダー」能力で相手がゲイかストレートかを瞬時に見
分けられるのを自慢している。

182 □□□

gender reveal party
[dʒéndər riví:l pá:rti]

性別披露パーティー

由来と使い方 家族や友達に妊娠中の赤ちゃんの性別を披露するイベント。妊婦本人と
そのパートナーもパーティーまで性別を知らない場合もある。性別発表
パーティーが流行し始めたのは、おそらく SNS の影響だろう。そうした
場では、派手に注目を集めるやり方で自分たちの生活の細部を共有した
い衝動にかられるのだ。

使用例 Many people first heard the term "**gender reveal party**" when
fireworks at a gender reveal party in California caused a
wildfire in September 2020.

多くの人が初めて「性別披露パーティー」という言葉を耳にしたのは、2020 年 9 月
にカリフォルニアで性別お披露目パーティーの花火から山火事が起こった時だ。

183 □□□
genderquake
[dʒéndərkwèik]

ジェンダー平等の地
殻変動

由来と使い方
gender（社会的性別、性的役割）と earthquake（地震）の合成語。ジェ
ンダーの平等を提唱する運動が社会に与えた大きな影響を、地震に例
えた表現。

使用例
The #MeToo Movement was the most visible manifestation of
the genderquake.

MeToo 運動はジェンダー地殻変動のもっとも可視化された現れだった。

184 □□□
intersex
[íntərsèks]

インターセックス

由来と使い方
遺伝的に男性と女性の中間もしくは両方の特徴を持つ生理学的状態の
こと。科学や医療の世界ではしばらく前から使われてきたが、この分野
の多くの言葉同様、ジェンダーに関連する問題への意識が高まる中で、
ごく最近、一般的語彙の一部になった。

使用例
"Intersex people come from all socioeconomic backgrounds,
races, ethnicities, sexual orientations, faiths, and political
ideologies. In addition, intersex people can have many
different gender identities." (Human Rights Campaign, www.hrc.org)

インターセックスの人は、社会経済背景、人種、民族、性的指向、信条、政治的
イデオロギーを問わず存在する。加えて、インターセックスの人が持ち得るジェンダー
自認もさまざまだ。

185 ☐☐☐

lug
[lʌ́g]

卒業までのレズビア
ン、レズビアン女子
大生
= lesbian until graduation

由来と使い方：米国で、特に女子大に通う学生が自分をレズビアンだと認識することを指す。好戦的フェミニズムや、旧来のジェンダーロールへの批判の高まりもあって、lugであることがクールだと見られるようにもなっている。gug（gay until graduation）やbug（bisexual until graduation）といったバリエーションもある。

使用例：Vanessa was a hardcore **lug** from her second year, but after she graduated she fell in love with Roger, and she gave up the lesbian lifestyle overnight.

ヴァネッサは2年生から筋金入りの女子大生レズだったが、卒業するとロジャーと恋に落ちて、たちまちレズビアン的生活からは足を洗った。

---

186 ☐☐☐

metrosexual
[mètrousékʃuəl]

メトロセクシュアル、
都市型ヘテロ

由来と使い方：metropolitan（大都市の、大都市に住む）とheterosexual（異性愛者）の合成語。都市部に住み、身だしなみや外見に気を使う、都会的な異性愛者の男性を言う。リベラルな政治社会観を持っているイメージが強い。

使用例：Some people thought Jack was gay when they first met him, but they soon realized he was what some people called a "**metrosexual.**"

初対面ではジャックをゲイだと思う人もいるが、すぐにいわゆる「メトロセクシャル」なんだとわかる。

187 ☐☐☐
MILF
[mílf]

性的魅力のある既婚
（年上）女性
= mother I'd like to fuck

由来と使い方｜直訳すると「セックスしたくなる母親」。オンラインのデートサイトやセックスチャットサイトでの用法が注目され、多くのメディアや公開討論でも話題となった頭文字語。男性版は DILF (= dad I'd like to fuck)。

使用例｜When the attractive middle-aged woman entered the bar, Jeremy observed that she was a very hot MILF.

魅力的な中年女性がバーに姿を見せると、ジェレミーはすげぇホットな MILF だと言った。

---

188 ☐☐☐
moobs/manboobs
[mú:bz/mǽnmù:bz]

男のおっぱい

由来と使い方｜脂肪が付き過ぎて、女性の胸のように見える男性胸部。man（男性）と、女性の胸を指すスラング boobs を合わせて出来た語。

使用例｜Many sumo wrestlers have quite large moobs, which they don't seem to be embarrassed by.

多くの力士は女のようなふくよかな胸をしているが、それを恥ずかしがっている風はない。

189 ☐☐☐

oppa
[ápə]

オッパ

由来と使い方
女性から年上の男友達に向けて使われる、愛情を込めた、または思わせぶりな呼び掛け。韓国語で「お兄さん」を意味する。Kポップファンを通して英語に入ってきたようだ。

使用例
When Jessica got heavily into K-pop, she started calling her boyfriend "oppa," even though neither of them is Korean.

ジェシカがKポップにどっぷりハマったとき、どっちも韓国人でもないのに彼氏のことを「オッパ」と呼び始めた。

190 ☐☐☐

pangender
[pæ̀ndʒéndər]

パンジェンダー、性別にとらわれない人

由来と使い方
pan-は「全て」を意味するギリシャ語由来の接頭辞。自身を男性または女性として認識していない人。どちらの性にも属さないnon-binaryや、性自認が流動的なgender fluidという言い方もある。アメリカのTumblrというブログサービスにおける人気ブログ「Pangendering」は、ジェンダー関連を語るには外せない情報源となっている。

使用例
Terms like "pangender" and "pansexual" can be confusing, especially given the fast pace of social and linguistic change.

「パンジェンダー」や「パンセクシュアル」のような言葉は、社会や言語の変化が速いこともあって、わかりにくいきらいもある。

191 ☐☐☐
queer bait ⚠
[kwíər béit]

ゲイを引き付ける男性

由来と使い方　queerは「同性愛者」を指す俗語、baitは「魚や動物をおびき寄せる餌」のこと。起源をたどるのは難しいが、刑務所の中で使われたのが始まりではないかと言われている。セクシーで魅力的な新入りの若い囚人のことを、先に入所していた囚人たちがこのように呼んでいたようだ。

使用例　Gladys was shocked when one of her older gay colleagues told her the new office boy was **queer bait**.

年上のゲイの同僚が新しいインターンのことをゲイ好きのするタイプと言うのを聞いて、グラディスはショックだった。

192 ☐☐☐
queer baiting ⚠
[kwíər béitiŋ]

クィアベイティング

由来と使い方　文脈によって、「同性愛者（と思われる人）に失礼な物言いをすること」と、実際はそうでないのに「同性愛をほのめかしてLGBTQの人々の注目を引くこと」の意味で使われる。類似表現にrace baiting（人種攻撃）やred baiting（共産主義と思われる人の注意を引くこと）がある。

使用例
A: Rod has such good taste when it comes to interior decor, although I think he overdoes it when it comes to pink, if you know what I mean.
B: Hey, are you **queer baiting** Rod?

A：ロッドはインテリア装飾に関してはすごくいい趣味をしてるけど、ピンクについてはちょっとやり過ぎだと思うの、言ってる意味わかるかしら。
B：なあ、おまえロッドがゲイっぽいってけなしてるのか？

193 □□□

queerbag ⚠

[kwíərbæg]

オカマ野郎、いかに
もなゲイ（差別的な呼
び方）

由来と使い方 | 最近はゲイコミュニティに広く受け入れられている queer という言葉だが、同性愛嫌悪者が侮蔑的に使うこともある。douchebag（クソ野郎）というひどい侮蔑語にも使われている -bag という接尾辞をつけることで、侮蔑の意味を強めている。

使用例 | Graham is such a **queerbag** – the way he talks, walks and dresses is such a cliched version of a gay guy.

グレアムは見るからにオカマ野郎だ——あの話し方、歩き方、服装、どれを取っても絵に描いたようなゲイ野郎だ。

194 □□□

trans

[trǽns]

トランス（ジェンダー）

由来と使い方 | 「超えて、向こう側へ」を意味する接頭辞だが、今ではトランスジェンダーの短縮形として一般的に用いられている。trans 自体は様々な意味を持ちうるが、「トランスジェンダー」の意味の時は文脈から明白であることが多い。

使用例 | "They're framing it as though all **trans** women are some muscular men out to hurt women, which is definitely not reflective of my experience of **trans** women at all." (New York Times)

彼らは全てのトランス女性について、筋骨たくましい男が女のできそこないになったのだというように話をでっちあげているが、それはトランス女性と接してきた私の経験に照らすとまったくの間違いだ。

195 ☐☐☐
two-spirit
[túːspírit]

トゥースピリット

| 由来と使い方 | 北アメリカの先住民が用いる、男性でも女性でもない第三の性を表す語。生物学的性別、性自認、精神的アイデンティティを説明するのに使われている。オジブワ語で2つの精神を意味する "niizh manidoowag" からの直訳で、男女両方の精神を宿しているということ。 |

使用例

The mixed-gender roles described by the term "two-spirit" historically included wearing the clothing and performing the work associated with both men and women.

トゥースピリットという言葉で表される混性には、歴史的に、男女どちらとも取れる服装をしたり仕事を行ったりすることなどが含まれていた。

Business/Economics

ビジネス・経済

グローバル化がますます進み、ビットコインなどの新しい技術も登場する中、新語もどんどん生まれています。ビジネスで英語を使わなければならない人には必須の語彙ばかりです。

196 ☐☐☐
attention economy
[ətén∫ən ikánəmi]

アテンション・エコノ
ミー

由来と使い方

人々の注目度合いに経済的価値を置く概念。情報過多のこの時代、マーケターが消費者の注目を引き付けておくのが難しくなっている。商品やサービスの購買へとつなげるため、まずはどれだけ注目を集められるかに価値を置く考え。

使用例

"The attention consumers have to dedicate to content – and their interest in that content – is waning. With consumers actively choosing where to put their focus, we find ourselves in what some experts call the age of the 'attention economy.'" (Marketing Week)

消費者がコンテンツに向ける注意、コンテンツに抱く興味は減少の一途だ。消費者が注目する先を積極的に選択しているわけで、一部の専門家が「アテンション・エコノミー」と呼ぶ時代に突入しているのだと分かる。

197 ☐☐☐
bazooka
[bəzú:kə]

バズーカ、大規模拠
出

由来と使い方

危機の間、経済の崩壊を防ぐために政府が大金を拠出すること。目標に与える爆発的衝撃を、バズーカ砲、すなわち携帯型の対戦車砲に例えて表現している。

使用例

"Does a big bazooka matter? Quantitative easing policies and exchange rates" (title of article on European Central Bank, www.ecb. europa.eu)

大バズーカは重要か？　量的緩和政策と為替レート

198 ☐☐☐

bitmining
[bìtmáiniŋ]

ビットマイニング、ビット採掘

由来と使い方
bitcoin(ビットコイン)と mining(採掘)を合わせて短縮した比喩的表現。仮想通貨ビットコインのネット上の取引を探し出して承認するプロセスを「採掘」という表現を使って言い表している。この手間のかかるプロセスを行って報酬を得る人を miner(採掘者)と呼ぶ。

使用例
I'm worried about Jim. Instead of paying attention to his job, he spends all his time **bitmining**, thinking that he'll get rich that way.

ジムのことが心配だよ。仕事に身がはいらないで四六時中ビットマイニングしてるんだぜ。それで金持ちになれると思ってんだな。

---

199 ☐☐☐

blockchain
[blάktʃèin]

ブロックチェーン

由来と使い方
「ブロック」と呼ばれるデータのリストが、暗号技術を使って時系列的に互いに「鎖で繋がれ」たように接続しているデータベース。ビットコインなどのデジタル通貨の取引記録として最も一般的に使われている。サトシ・ナカモト(ペンネームと思われる)という人物が発案した。

使用例
"The question many are asking now is whether there is much to **blockchain** apart from hype and speculation. The technology is still too slow to be used on a large scale." (Guardian)

多くの人が今抱いている疑問は、過剰な盛り上がりと投機以外にブロックチェーンに価値はあるのかということだ。その技術は大規模に活用するには速度が遅すぎる。

200 ☐☐☐
BNPL
[bíːénpíːél]

後払い = buy now,
pay later

由来と使い方
消費者が購入した商品の代金を、通常は金利を支払うことなく後払いできる短期融資のこと。最近、オンラインショッピングなどでこの種の支払い方法を選択する人が増えており、広く使われるようになった。

使用例
"Traditional lenders may have no choice but to join the goldrush: the boom in BNPL risks cannibalising their lucrative credit card businesses." (Guardian)

従来の金融業者は、このゴールドラッシュに参加するしか選択の余地はないかもしれない。すなわち、後払いブームが、うまみの多いクレジットカードビジネスの売り上げを食う危険があるのだ。

201 ☐☐☐
bullshit job
[búlʃit dʒáb]

ブルシットジョブ、くだらない仕事

由来と使い方
人類学者デイビッド・グリーバーによる "Bullshit Jobs: A Theory" という本が 2018 年に出版されてからメディアでよく使われるようになった。彼は現代社会における仕事の半分以上は意味がないと言い、仕事と自尊心が同一化している場合、このことが心理的に有害であると彼は指摘している。

使用例
Gladys was very hurt when Nora told her that he thought her job as an event planner was a bullshit job that was of no real use to society.

グラディスは、イベントプランナーという自分の仕事のことを、社会の実際の役に立たないブルシットジョブだと思うとノラに言われ、とても傷ついた。

202 □□□

BYOD
[bíːwáióudíː]

機器は各自で持参
= bring your own device

由来と使い方 | 職場に各自のコンピューターやスマートフォンなどの機器を仕事用として持ち込むことを許可すること。パーティーなどでよく使われる BYOB（bring your own bottle ／アルコール類は各自で持参）を基にした言葉遊び。

使用例 | Johnny was surprised when he was told the company that had just hired him had a **BYOD** policy and expected employees to use their own digital devices on the job.

ジョニーは雇われたばかりの会社が BYOD の方針を採っていて、社員は各自所有のデジタル機器を仕事に使うことになっていると言われて、驚いた。

05 ビジネス・経済

---

203 □□□

circuit breaker
[sớːrkit bréikər]

サーキットブレーカー
証券取引所を一時的に取引
停止させる調整処置

由来と使い方 | どこの家にもある「ブレーカー」の比喩的な使い方。株式市場などで異常な変動が見られた際に恐慌を避けるために取引活動を中断する制度。それ以外の文脈でも、特定の活動を突然中断させることを表して比喩的に使われることがある。

使用例 | "Financial heavyweights including Morgan Stanley, Citadel Securities and BlackRock Inc. are exploring potential changes to the U.S. stock market's **circuit breakers** after the rarely used mechanisms repeatedly halted trading last month." (Wall Street Journal)

めったに使用されないメカニズムが先月、繰り返し取引を中断させたことを受け、モルガン・スタンレー、シタデル・セキュリティーズ、ブラックロック社といった金融界の大企業はアメリカ株式市場のサーキットブレーカーを変える可能性を検討している。

204 ☐☐☐
circular economy
[sə́ːrkjulər ikánəmi]

循環型経済

由来と使い方
持続可能な社会を達成するために、有限資材や廃棄物を再利用やリサイクルにより繰り返し使用する経済システム。circularはリサイクルによる「循環」を意味する。経済成長から資源消費を切り離そうというコンセプト。

使用例
"The **circular economy** is a bold vision for tomorrow – and today – empowering leaders across industries and communities to increase resilience, mitigate climate risk and unlock new business opportunities." (greenbiz.com)

循環型経済は、未来――そして現在――の大胆な展望であり、あらゆる産業やコミュニティのリーダーにレジリエンスの向上と、気候リスクの低減と新しいビジネス機会の開拓を行う力を与える。

205 ☐☐☐
copyleft
[kápilèft]

コピーレフト
自由な改変、複製、再配布を認めること

由来と使い方
「著作権(による保護)」を意味するcopyrightをもじった言葉遊び。「権利」を意味する rightを「右」と取って反対の left (左) に置き換えただけで、政治的な意味等はない。

使用例
"While copyright law gives software authors control over copying, distribution and modification of their works, the goal of **copyleft** is to give all users/viewers of the work the freedom to carry out all of these activities." (Wikipedia)

著作権法はソフトウエア作成者に自作の複写、配布、修正の管理を認めているが、コピーレフトの目標は、全てのユーザーや視聴者にこれらの全活動を実行できる自由を与えることだ。

206 □□□

crypto
[kríptou]

暗号通貨
= cryptocurrency

由来と使い方

cryptocurrencyは長過ぎて言いにくいので、短縮されるのも無理はない。が、専門サイトやSNSを超えて広まることはないようだ。というのも、cryptoと聞くと、偽物やいかがわしいものを連想し、うさんくさい意味で使われていると思う人が多いからだ。

使用例

Elmer put all his money into **crypto**, but he lost most of it to cyberthieves.

エルマーは持ち金全てを暗号通貨につぎ込んだが、ほとんどをサイバー泥棒に持っていかれてしまった。

207 □□□

CSR
[síːésáːr]

企業の社会的責任
= Corporate Social Responsibility

由来と使い方

企業には利益を上げて株主を喜ばせるだけでなく社会で果たす役割がある、という意識が近年高まる中でよく使われるようになっている。CSRは corporate citizenship（企業市民）とも呼ばれ、社会や環境にダメージを与えるのでなくプラスの貢献をする事業経営を行うべきだという考え方。

使用例

"The main value of **CSR** is reputation, a keyword in any business striving for success." (Forbes)

CSRの主要価値は評判であり、成功を追い求めるどんな企業においてもキーワードだ。

208 ☐☐☐

customer journey

[kʌ́stəmər dʒɔ́ːrni]

カスタマージャーニー

由来と使い方

このマーケティング用語は、顧客が企業やブランド相手に経験することを「journey（旅）」と言い表すことで、顧客が目的地（おそらく満足感）に向かっているようなイメージを持たせている。賢いマーケターなら、誰かに何かを売るということは商取引を行うだけでなく関係を構築することだと理解している。

使用例

The CEO stressed that creating a positive **customer journey** was the key to maintaining a loyal customer base and thus the company's long-term success.

CEOは、ポジティブなカスタマージャーニーをつくることが、固定客層をつかみ、さらには会社が長期にわたる成功を維持する鍵となる、と強調した。

209 ☐☐☐

dead cat bounce

[déd kǽt báuns]

デッド・キャット・バウンス、株価の一時的な回復

由来と使い方

長期の落ち込みや下相場からの一時的な株価の回復を表現する言葉。死んだ猫でも高いところから落とせば跳ね返るという考えに基づく、ブラックな比喩表現である。

使用例

Bill thought the market was recovering after crashing so dramatically, but it turned out the recovery was a very limited **dead cat bounce**.

ビルはマーケット暴落後の回復だと思っていたが、実は限定的な株価の一時的回復であることがわかった。

210 □□□
deep dive
[díːp dáiv]

ディープダイブ、深く掘り下げた分析

由来と使い方
かなり古びて聞こえる言葉だが、驚くことにごく最近よく使われるようになった表現。文字通りの意味では海のダイビング関係でずっと使われてきているが、ビジネスの文脈で使われ始めたのはここ20年ほどだ。

使用例
Ronald says his next book will be a **deep dive** into his tragically complicated personal life and all the controversial lawsuits he's been involved in over the years.

ロナルドの次の本は、彼の悲しくも複雑な個人史と、何年にもわたって巻き込まれてきた物議をかもす裁判の数々を深く掘り下げたものになるということだ。

211 □□□
deleb
[deléb]

デレブ、故人の有名人

由来と使い方
亡くなってはいても、CMなどに使うことのできるイメージのいい有名人を指す業界用語。合成語としてはかなり弱いが、dead（死んだ）とceleb（セレブ、有名人）から成る。celebrityを短かくしたcelebは広く使われているので、そこに音を合わせている。

使用例
People in the advertising industry keep close track of which **delebs** are the biggest money-earners each year.

広告産業で働く人たちは毎年、どのデレブが一番の稼ぎ頭になるのか注視している。

212 ☐☐☐
disruptor
[disrʌ́ptər]

ディスラプター、破壊的企業、創造的破壊者

由来と使い方 1995年に disruptive innovation（破壊的なイノベーション）という言葉が使われた時にまで遡ることができる。既存のマーケットやネットワークが破壊されるほどのイノベーションのことであり、従来の商品、サービス、ビジネス習慣が変化を余儀なくさせられるほどの新しいアイデアなどを言う。

使用例 Norman mentioned Uber as an example of a market **disruptor** because of the way it has transformed the taxi business.

ノーマンは、タクシー業を一変させたことを理由にウーバーをマーケット・ディスラプターの一例として挙げた。

213 ☐☐☐
doom loop
[dúːm lúːp]

悪循環、破滅のループ

由来と使い方 経済危機を繰り返し引き起こす「好景気 - 不況 - 救済」の経済循環を言う。投機性の高い投資と短期間で成長する金融慣行から好景気になっても、すぐに金融危機につながる、という考えに基づく。doomは「避けることのできない（破滅的な）運命」、loopは「繰り返し」を意味する。

使用例 "European banks load up on government bonds, raising concerns over '**doom loop**'" (headline, Financial Times)

欧州の諸銀行が国債を上積みし「破滅のループ」の懸念が拡大

214 ☐☐☐
ERP
[íːáːrpíː]

ERP、エンタープライズ・リソース・プラニング、企業資源計画
= Enterprise Resource Planning

由来と使い方

企業や団体が統合ソフトを使ってデータを集めて整理すること。ビッグデータ時代において、情報を管理し読み解くことの重要性が高まっていることから生まれた言葉。ERPシステムには、生産、価格設定、会計のビジネス機能を自動化するためのソフトウエア等がある。

使用例

"While there's no all-up solution software for every business processes, **ERP** technology is getting better and better at bringing all your business processes together to improve collaboration, help your company make data-driven decisions, and advance business productivity." (Microsoft)

あらゆるビジネスプロセスに対応する万能ソフトは存在しませんが、ERP技術のビジネスプロセス統合能力は日進月歩しており、協力体制向上、データを基にした意思決定、企業生産性の促進のお役に立っております。

05 ビジネス・経済

215 ☐☐☐
ESG
[íːésdʒíː]

ESG
= Environmental, Social and Corporate Governance

由来と使い方

「環境」「社会」「企業統治」の観点をビジネスに取り入れ、企業が株主だけでなく社会に対しても一定の責任を持つという考え方。基本概念は、生態学的持続可能性を促進し、社会に最終的な好影響を与えるよう企業経営をするというものである。社会的意識の高い投資家は、投資する会社を選ぶときにESGを基準として使う。

使用例

"Investors view **ESG** matters as a critical element to building a more sustainable business that can adapt to industry, regulatory and market shifts, such as the evolution of technology, climate change, social equity, diversity and inclusion, and black swan events like COVID-19." (EY Canada)

投資家たちはESG問題を、テクノロジーの進化や気候変動、社会的資産、多様性と包含、COVID19のような予想外の出来事、といった産業・規制・市場変動にも対応できる、持続可能なビジネス構築の重要な要素と見ている。

216 ☐☐☐
FAANG
[fǽŋ]

Facebook、Apple、Amazon、Netflix、Googleの頭文字

由来と使い方

この5社は、急成長する多国籍ビジネスの最前線にいる。さらに、各社とも、現状を大きく変える可能性を持つ破壊的ともいえる新しいビジネスモデルを基盤としている。似た頭文字語にGAFAがあるが、こちらはやや古く、Google、Apple、Facebook、Amazonの4社を表す。

使用例

"In addition to being widely known among consumers, the five FAANG stocks are among the largest companies in the world, with a combined market capitalization of over $4.1 trillion as of January 2020." (Investopedia)

消費者に広く知られていることに加え、FAANG5社の株は世界最大の株式会社にも含まれ、2020年1月には合計4.1兆ドルを超える 時価総額を持つ。

217 ☐☐☐
fintech
[fíntek]

フィンテック

由来と使い方

finance（金融）とtechnology（テクノロジー）を組み合わせた語。元は銀行などの金融機関によって使われるテクノロジーのことを指していたが、現在ではテクノロジーを活用した金融サービスを広く指す。人々がオンラインで口座管理や株の売買、ショッピングなどができるのもフィンテックのおかげ。

使用例

Fintech has disrupted traditional financial and banking industries – and potentially poses a threat to traditional, brick-and-mortar banks and financial institutions.

フィンテックは従来型の金融や銀行事業を混乱させ、実店舗型の銀行や金融機関のあり方に潜在的な脅威を与えている。

Fourth Industrial Revolution

第四次産業革命

[fɔ́:rθ indʌ́striəl rèvəljú:ʃən]

由来と使い方

第一次産業革命は蒸気機関が、第二次産業革命は鉄道と電信の急速な発達と電気の普及が特徴である。その後の第三次産業革命はデジタル革命とも呼ばれ、自動化とコンピューターの処理能力の増加が特徴。第四次産業革命は、AIやIoT、遺伝子工学、量子計算などの発展による社会・経済の変化を言う。

使用例

"Krieger said the Fourth Industrial Revolution is different from the third for two reasons: the gap between the digital, physical and biological worlds is shrinking, and technology is changing faster than ever." (CNBC)

クリーガーは、第四次産業革命は2つの理由で第三次と違うと言う。デジタル世界と物質世界と生物学世界の隔たりがどんどん縮まっていることと、テクノロジーがかつてないほどの速さで変化していることだ。

05 ビジネス・経済

freemium

フリーミアム

[frí:miəm]

由来と使い方

free（無料の）とpremium（割り増し価格）を組み合わせた語。入口として無料版を提供し、追加機能やグレードアップにはプレミアム料金を徴収するシステム。アプリやプログラムの無料版を使ううち、お金を払ってプレミアム版へ移行する人が増えるだろうという考えに基づいている。

使用例

Jackson downloads lots of freemium products, but he never pays for the premium versions with a full range of features.

ジャクソンはたくさんのフリーミアム製品をダウンロードしているが、機能をそろえたプレミアム版には絶対お金を払わない。

220 ☐☐☐
gatekeeping
[géitkìːpiŋ]

ゲートキーピング、（メディアやコミュニケーションで）情報の取捨選択をする

由来と使い方
「門番をする、出入りをチェックする」ことから転じて、情報のチェックをすることを言う。例えばニュース番組では、どのニュースを伝え誰の言葉を引用するか、どの角度からどう提示するか、と様々なレベルで情報が処理されている。フィルターにかけられていない生の、正確さや真実性の疑わしい情報がオンラインにあふれる現代において有意義な概念である。

使用例
Bertrand emphasized that for all its faults, the mainstream media performs a vital **gatekeeping** service in this era of fake news and conspiracy theories.

フェイクニュースや陰謀論だらけのこの時代に、主流メディアはその欠点はあれど、重要なゲートキーピングの役割を果たしているとバートランドは強調した。

221 ☐☐☐
ghost restaurant
[góust réstərənt]

ゴーストレストラン、宅配のみの料理店

由来と使い方
実店舗を持たず、電話やアプリでのみ注文を受けて料理を配達するサービスビジネス。dark kitchen や virtual kitchen、cloud kitchen、headless restaurant などと呼ばれることもある。コロナ禍のロックダウン期間に広く普及した。

使用例
"**Ghost restaurants** have the potential to help people eat a healthy, home-cooked meal every day while saving them time and effort." (Forbes)

ゴーストレストランには、人々が時間と労力をかけずに毎日健康的な家庭料理を食べる助けとなる可能性がある。

222 ☐☐☐

gig worker
[gíg wə́ːrkər]

ギグワーカー、単発
で仕事を受ける労働
者

由来と使い方

gig は音楽業界で使われる 1 回限りや不定期のイベントやコンサートを表すスラング。gig worker や gig economy という表現は、近年の労働力不足のため広く使われるようになった。ギグワーカーはスキルを生かして、時間や場所に縛られない働き方ができるが、社会保険や休業補償などが課題になっている。

使用例

"**Gig Workers** Are Here to Stay. It's Time to Give Them Benefits." (headline, Harvard Business Review)

ギグワーカーたちはこれからも存在し続ける。彼らに給付金を与えるべき時だ。

---

223 ☐☐☐

green swan
[gríːn swán]

グリーンスワン

由来と使い方

地球環境・気候変動に関連した予期せぬ出来事を指す。国際決済銀行 (BIS)が 2020 年前半に出したリポートで初めて使われた。「珍しいもの、予期せぬ事態」を意味する black swan のもじり。ただ、気候変動の負の影響は予期できたものだと指摘する向きもある。

使用例

As someone who manages many private investment portfolios, Cam does his best to anticipate future trends. But **green swans** are hard to factor into the equation.

多くの個人投資ポートフォリオを扱う者としてキャムは最善を尽くして未来トレンドを予測するが、グリーンスワンを計算に組み込むのは難しい。

224 ☐☐☐

growth hacking

[gróuθ hǽkiŋ]

グロースハッキング

由来と使い方
この hacking は、life hack の hack 同様、思い切った方法で問題を効果的に解決することを意味する。スタートアップ企業ができるだけ予算をかけずにユーザーを増やす工夫をすることで、ブログや SNS、SEO などを利用したコストのかからない生き残り戦略が含まれる。

使用例
"Growth hacking is more focused on using 'hacks' to create a large following or get interaction and shares." (sandpaperme.com)
グロースハッキングは、多くのフォローを生み出したり、交流やシェアを獲得したりするために「ハック」（コツ）を使うことをより重視している。

225 ☐☐☐

hard launch

[háːrd lɔ́ːntʃ]

ハードローンチ、一般発売

由来と使い方
広告 /PR 業界で使われ始めたと言われている。商品やサービスを大々的に発売・公開すること。soft launch（245）と対比する文脈で使われることが多い。

使用例
Everyone at the company is prepared for the **hard launch** of the new soft drink. The ad campaign is ready to go, lots of promotional events are planned, and there's enough inventory to ensure stores don't run out of stock.
会社の全員が新しいソフトドリンクのハードローンチの準備万端だ。広告キャンペーンはスタート直前、多くの販促イベントが組まれ、品切れが起きないよう十分な在庫もそろっている。

226 ☐☐☐

hashrate
[hǽʃrèit]

ハッシュレート、暗号
通貨の採掘速度

由来と使い方 | 暗号通貨の「採掘者」は、コンピューターを使ってネットワーク上のビットコインの取引を記録し、その労力に対してビットコインで報酬を得る。hash/s（秒速〜ハッシュ）を単位とするハッシュレートが高ければ高いほど、より多くのビットコインを採掘することができる。

使用例 | "It's hard to accurately measure the **hashrate** of all machines in the network. **Hashrate** charts are reverse engineered by comparing block frequency and network difficulty." (Buy Bitcoin Worldwide)

ネットワーク上の全てのマシンのハッシュレートを正確に測ることは困難だ。ハッシュレートチャートは、ブロック頻度とネットワーク難度の比較による逆行分析で出される。

227 ☐☐☐

hot desking
[hát déskiŋ]

ホットデスキング、（職場の）フリーアドレス

由来と使い方 | 決まった席がなく空席を自由に使う、いわゆる「フリーアドレス」（これは和製英語）のこと。船や潜水艦の乗組員が時間差で寝台（rack）を共有する hotracking から来ていると言う。オフィススペースを効率的に使うというメリットがある一方、個人空間が持てないために士気の低下を招きやすい。

使用例 | Ronald isn't a big fan of **hot desking**. He has long legs, so he always has to adjust his chair after someone else has used the cubicle to which he's assigned, and he's a germaphobe.

ロナルドはフリーアドレスがあまり好きではない。足が長いので誰かが使った後の椅子の高さをいつも調節し直さなくてはならないし、潔癖症でもあるからだ。

228 □□□
hoteling
[houtéliŋ]

ホテリング

由来と使い方
オフィスのマネジメント法の一つ。宿泊の必要があるときにホテルを予約するように、PCや資料はロッカーに置いておいて、必要に応じてデスクを予約するシステム。いわゆる「フリーアドレス」を英語では hot desking (227) と言うが、hotelingは予約を重視するニュアンスが強い。

使用例
"Open floor plans and office **hoteling** (or hot desking) are becoming increasingly common in the modern workplace because they enhance collaboration, foster employee engagement and lower real estate costs." (www.accuren.com)

パーティションのないフロア配置やオフィスのホテリング（またはフリーアドレス）は現代の職場で一般的になってきている。共同作業が強化され、従業員の積極性が培われる上、不動産費用が抑えられるからだ。

229 □□□
K-shaped recovery
[kéiʃéipt rikʌ́vəri]

K字回復

由来と使い方
景気回復できる集団と、なかなか回復できず後退し続ける集団がいる様子を表す語。Kの字のように、右上がりのラインと右下がりのラインが混在することから。特定の集団を置き去りにしない従来のV字回復と比較している。

使用例
"When it comes to jobs, debt and housing, Canada's economic trajectory has split into two, data shows. It's what economists refer to as a 'K-shaped' recovery." (Global News)

仕事、借金、住宅といった点で見ると、カナダの経済の軌道は二つに分かれるとデータが示している。それはエコノミストたちが言うところの「K字回復」だ。

230 ☐☐☐
laneway house
[léinwei háus]

裏道住宅、表通りに
面していない家

由来と使い方 表通り側に既に家が建っていて、その庭だった部分に小さめの家を建てたもの。lanewayは「小道、裏道」のこと。土地や家屋の値段が高騰しているカナダの都市部で最近、人気がある。第一世代は車庫を家に転用したものなどもあったが、現在は最初から家として建てるのが一般的になっている。

使用例 If you walk around Vancouver residential neighborhoods, you'll see all kinds of **laneway houses**. Many of them look quite cute and charming – and surprisingly spacious.

バンクーバーの住宅街を歩いてみると、いろいろな種類の裏道住宅を目にするでしょう。その多くはとてもキュートでチャーミング、そして驚くことに広さもあります。

231 ☐☐☐
Mcjob
[məkdʒáb]

マックジョブ、誰でも
できる低賃金の仕事

由来と使い方 この上から見下したようなやや失礼な言葉は、「マクドナルドでの仕事」から転じてファストフード業全体を指すようになり、やがて社会的地位の低い仕事全体を指すまでに広がった。名字にMcがつく筆者としては不満を禁じ得ない——というのは冗談。

使用例 Sheila has had nothing but **Mcjobs** since she left college: she's worked at a burger chain, as a custodian and as a dog walker.

シーラは大学を中退してからマックジョブを続けるしかなかった。ハンバーガーチェーンやビル管理や犬の散歩といった仕事だ。

232 □□□
minicorn
[mínikə̀:rn]

ミニコーン、ユニコーン企業のミニ版

由来と使い方

miniとunicorn (254) の合成語。創業してから日の浅いスタートアップのうち評価額100万ドルを越え、今後の高成長が見込まれる企業のこと。

使用例

"Nine **minicorns** in the payments sector will have the chance to demonstrate their talents and businesses at PayExpo Europe, taking place at ExCeL London." (Finance Monthly)

支払い分野のミニコーン9社は、ロンドンのエクセル展示会センターで開かれるPayExpoEuropeで、自分たちの才能とビジネスを実証する機会を持つ予定だ。

233 □□□
MMT
[émémtí:]

現代金融理論、現代貨幣理論
= modern monetary theory

由来と使い方

基本的な考え方としては、自国通貨をコントロールしている政府は、自国通貨で借金を返済するためのお金を刷ることができるので、自由に使うことができる、というものだ。このような政策はインフレにつながるという主流派経済理論とは考え方が異なる。

使用例

"Elements of **MMT** are already so embedded in our economy and financial system since COVID-19 developed that burying our heads in the sand isn't going to help us." (CBC)

COVID-19の拡大以来、MMTの要素はすでにわれわれの経済や金融システムに深く組み込まれているので、現実から目を背けてもどうにもならない。

234 □□□

NFT
[énéftí:]

非代替性トークン
= non-fungible token

由来と使い方
ブロックチェーンと呼ばれるデジタル元帳上のデータの一種。他のデジタルアイテムで代えることのできないアートや音楽、ビデオやその他クリエイティブな唯一無二のデジタルアイテムを指す。ここのところよく目にする流行り言葉になっているが、コンセプト自体がまやかしだと切り捨てる人もいる。

使用例
"By assigning a value to objects that often exist only in the virtual world, NFTs have been a huge boon for digital artists in particular." (CNN)

バーチャル世界にのみ存在するものに価値を割り当てることで、NFTは特にデジタルアーテイストにとって多大な恩恵となっている。

---

235 □□□

pancession
[pænséʃən]

パンセッション、コロナ不況

由来と使い方
pandemic (パンデミック、感染の世界的流行) と recession (景気後退) を合わせた語。pan- には「全ての、全体的な」という意味もあり、「コロナウィルスによるパンデミックが世界規模の景気後退を引き起こしていること、さらにはそれが長引く経済不況に発展し兼ねないことを表している。

使用例
Charles is skeptical about predictions of a coronavirus "pancession," because he says the global economy is strong enough to weather that strain.

チャールスはコロナウイルスによる「パンセッション」という予測には懐疑的だ。世界経済はそれくらいの苦境に耐えられる力はあるからだと彼は言う。

236 ☐☐☐

plow into
[pláu ìntə]

大儲けを期待して大金を投資する

由来と使い方
「（農夫が）大地を耕す」という意味の句動詞だが、そこから「豊作を期待して働く」→「大儲けを期待して大金を投資する」という慣用句的な意味で使われるようになった。また、すきを地面に突き立てるイメージから、「高速で走る車が壁に突っ込む」という意味でも使われる。

使用例
I **plowed** the money I inherited **into** my friend's new company.
相続した金を友達の新会社に大量に注ぎ込んだ。

237 ☐☐☐

precariat
[prikéəriət]

プレカリアート、雇用不安定層

由来と使い方
将来の見通しや補償のないまま、主にギグエコノミー（126）の中で非正規労働をして生活する人々からなる社会階級。precarious（不安定な）と proletariat（労働階級）を組み合わせた合成語。

使用例
"Today's **precariat** spans income and education levels, from sub-minimum-wage illegal migrant work and low-level retail or service work to highly educated but contract- and freelance-dependent industries (like, ahem, journalism)." (Vice)
今日のプレカリアート層は、収入や教育レベルはピンキリで、最低賃金を下回る不法移民の仕事から低賃金の小売やサービス業、高い教育は受けているものの契約やフリーランス頼みの産業（まぁ、ジャーナリズムしかり）まで多岐にわたる。

238 ☐☐☐
rainbow ceiling
[réinbòu síːliŋ]

レインボー・シーリング、虹の天井

由来と使い方 | LGBTQの従業員の昇進や昇給を阻む、明文化されない非公式な慣習や偏見。女性従業員に対する性差別を表す用語 glass ceiling（ガラスの天井、目に見えないが上に行くことを阻むもの）をもじった表現で、rainbow flag が LGBTQ のシンボルであることを掛けている。

使用例 | Oliver thought he was going to be promoted to executive vice president. But when a less-qualified straight man got the job instead, he said it was because of the rainbow ceiling.

オリバーは自分が代表取締役副社長に昇進すると思っていた。ところが、自分ではなく、能力の劣るストレートの男性が抜擢されたとき、彼はレインボー・シーリングのせいだと言った。

05 ビジネス・経済

---

239 ☐☐☐
ramen profitable
[ráːmən práfitəbl]

（新興企業などが）まだ十分な利益が出ない

由来と使い方 | 「ラーメン程度の利益しか上がらない」ということ。起業をしてから十分な利益が出るまでは、設立者は貧乏に耐えてインスタントラーメンをすすらなくてはならないという考えに基づいた表現。

使用例 | Eric and Malcolm's new company began to make a small profit after it started doing business, but it was only ramen profitable – the profit margins were so thin.

エリックとマルコムが始めた会社は起業後少し黒字になったが、ラーメンがすすれる程度の利益で、利ざやはほんのわずかだった。

240 ☐☐☐
RBC
[á:rbí:sí:]

責任ある企業行動
= responsible business conduct

由来と使い方
CSR（corporate social responsibility ／企業の社会的責任）の概念と密接に関連している。 RBCの焦点は、人権や環境、労使関係や財務執行責任に関して、法律を順守することにある。CSRの場合は、例えば、企業が自発的に率先して良き企業市民になるといった必要性に重点を置いている。

使用例
"Firms that adhere to high RBC standards are more likely to bring lasting benefits to employees, customers and the societies in which they operate." (OECD)
高いRBC基準を順守する会社は、従業員、顧客、また自分たちが企業活動する範囲の社会に対して継続的な恩恵をもたらす傾向がより高くなる。

241 ☐☐☐
SDGs
[ésdí:dʒí:z]

持続可能な開発目標
= Sustainable Development Goals

由来と使い方
国連総会で2015年に設定され、2030年までにその達成を目指す17のゴールと169のターゲット。貧困撲滅、ゼロ飢餓、ジェンダー平等や安価でクリーンなエネルギー供給などが含まれる。

使用例
"The Sustainable Development Goals are indeed ambitious, as they go beyond Band-Aid solutions to eradicate — not just reduce – extreme poverty and hunger." (New York Times)
SDGsは、極度の貧困や飢餓を根絶する──ただ減らすのではなく──ことを目指し、応急処置の域を超える点で、まさに野心的である。

242 □□□
sharing economy
[ʃéəriŋ ikánəmi]

シェアリングエコノミー

由来と使い方

インターネットを介して個人所有の物、場所、スキルなどを必要な人に提供したり、共有したりする動きのこと。コスト面での無駄が省けるとともに、環境保全や持続可能性といった社会倫理の側面におけるメリットも注目されている。

使用例

"The **sharing economy** is taking off, spawning companies for those willing to lend and borrow everything from mattresses to power tools." (Guardian)

シェアリングエコノミーが動き始め、マットレスから電動工具まであらゆるものを貸し借りしたい人々のための会社が次々と生まれている。

243 □□□
shecession
[ʃiːséʃən]

シーセッション、女性の不況

由来と使い方

recession（景気後退、不況）と she を組み合わせた語。コロナ禍による失業が、男性よりも女性（特に有色人種）の方がより深刻なのが明らかになりメディアで多く目にするようになった。娯楽、教育、サービスといったコロナで打撃を受けた業界で圧倒的に女性が多かったためだ。

使用例

"For the first time in history, the US is in a 'shecession' – an economic downturn where job and income losses are affecting women more than men. The term was coined by C Nicole Mason, president and chief executive of the Institute for Women's Policy Research (IWPR), a thinktank." (Guardian)

史上初めて、アメリカは「シーセッション」、つまり仕事や収入の喪失が男性より女性に影響を与える経済不況の中にある。この語はシンクタンク女性政策研究所(IWPR)の理事長兼最高責任者 C・ニコル・メイソンによる造語だ。

244 ☐☐☐
showrooming
[ʃóuruːmiŋ]

ショールーミング

由来と使い方　ショールーミングは、消費者が実店舗を商品を確認・比較できる展示場として利用するが、購入は低価格のオンラインショップを利用すること。Amazonなどのオンライン小売業者の台頭とスマートフォンなどの小型電子機器によって広まった現象。従来の実店舗型の小売店にとっては悩みの種である。

使用例　"Online retailers benefit the most from **showrooming** because they can offer free shipping over a certain purchase price or to valued consumers." (Investopedia)
ショールーミングの恩恵を最も受けるのはオンライン小売業者だ。一定の購入額や得意客に対して送料無料とすることができるからだ。

245 ☐☐☐
soft launch
[sɔ́ːft lɔ́ːntʃ]

ソフトローンチ、限定
先行発売

由来と使い方　新しい製品やサービスを全面的に発表する前に一部の顧客や市場に限定して公開すること。広告/PR業界が使い始めたものと思われる。広く売り出す前に利用者のフィードバックを集めるのに有効なやり方だ。映画産業では、新作映画の特別試写会をする形で長年実践されてきた。

使用例　The product-development team hopes their **soft launch** strategy will create a buzz among the public and result in useful feedback.
製品開発チームは、ソフトローンチ戦略によって世間で話題作りをし、有益なフィードバックにつなげることを期待している。

246 □□□
soonicorn
[súːnəkɔ̀ːrn]

スーニコーン、ユニコーン目前の企業

由来と使い方 | soon と unicorn（254）の合成語。既に評価がかなり高く成長も見込まれていて、間もなく評価額10億ドルのユニコーン企業の仲間入りをしそうだと投資家から見られているスタートアップ企業のこと。

使用例 | "The top three women-led **soonicorns** from Canada are all valued above 600 million US dollars and have the potential to reach unicorn status within a few years." (Women Entrepreneurship Knowledge Hub)

カナダ発で女性主導のユニコーン目前企業トップ3は、どれも6億ドル超の評価額で、数年のうちにユニコーンに手が届く可能性を秘めている。

247 □□□
SPACs
[spǽks]

特別買収目的会社
= special purpose acquisition companies

由来と使い方 | 実際にはビジネスをしない特殊な会社のこと。実在の企業の買収を目的とし、新規公開株を通してその資金を調達するためだけに作られたペーパーカンパニーの一種。

使用例 | Many financial analysts think the whole idea of SPACs is unsound and that they are a bubble that is about to burst.

多くの財政アナリストは、SPACsという考え方自体が不健全で、いまにも弾けそうなバブルであると考えている。

248 ☐☐☐
stablecoin
[stéiblkɔ̀in]

ステーブルコイン

由来と使い方 | 暗号通貨の一つで、アメリカドル、ユーロ、金などの外部資産と連動させることで、価格を安定させ予測しやすくしている。ビットコインに代表される暗号通貨は、その予測不可能な変動幅の大きさが問題となっており、投資家や企業は安定的で予想しやすい代替通貨を求めている。

使用例 | **Bill invested a lot of his money in bitcoin, but lately he's been more cautious and is cashing out his bitcoin holdings and buying stablecoins instead.**

ビルは持ち金の多くをビットコインに投資していたが、やがて慎重になってきて手持ちのビットコインを現金化しステーブルコインに買い換えた。

---

249 ☐☐☐
storyscaping
[stɔ́:riskèipiŋ]

（マーケティング手法として）ストーリーをつくり上げること

由来と使い方 | landscaping（造園）と story の合成語。庭をつくり上げるように、製品やサービスがそのストーリーの一部となる架空の世界をつくり上げ、顧客を招き入れる戦略。1980 年代に流行した「キャベツ畑人形」はその一例。人形たちが購買者によって「養子」にされるというストーリーで成功した。

使用例 | **"In storyscaping, the customer is the hero, the brand is the mentor, and the product or service is the gift that solves the consumer's problems."** (Imagewërksmarketing.com)

ストーリースケーピングにおいては、客が主役で、ブランドが案内人、そして商品やサービスが客の問題を解決する贈り物ということになる。

250 ☐☐☐
third workplace
[θə́ːrd wə́ːrkplèis]

第三の職場

由来と使い方
設備の整ったオフィス勤務と柔軟に働ける在宅勤務の両方の長所を組み合わせるのが基本コンセプト。第三の職場を提供する新たなビジネスがどんどん現れているほか、スターバックスのようなチェーン店も仕事のしやすい環境を提供することで消費者を引きつけようとしている。

使用例
Ever since he became a full-time freelancer, Harry has been working out of a local "**third workplace**" because he says it's easier for him to concentrate on his work there than when he's at home.

フルタイムのフリーランスになってからハリーはずっと地元の「第三の職場」で仕事をしている。家にいるよりもそちらのほうが仕事に集中しやすいということだ。

251 ☐☐☐
touchpoint
[tʌ́tʃpɔ̀int]

タッチポイント、接点

由来と使い方
顧客が製品・ブランドと接触する場所や時点を意味するマーケティング用語。容易に理解できる業界用語の一例である。今のところマーケティングの文脈でだけ使われているようだが、他の業界用語同様、ある時点で一般語彙の仲間入りをするかもしれない。

使用例
"Every digital company understands the importance of delivering a personal and cohesive customer experience across every **touchpoint**." (Scuba Insights blog)

どのデジタル企業も、パーソナルで忘れがたい顧客体験を全てのタッチポイントで提供することの重要性を理解している。

252 ☐☐☐

trystorming
[tráistɔ̀ːrmiŋ]

トライストーミング、アイデアを次々に試してみること

由来と使い方
> try(試み)と brainstorming(ブレインストーミング)を組み合わせた言葉。ブレインストーミングで新製品やサービスのアイデアを出したら、試作品を作るなどして実際に試してみること。理論的なものよりも実践的なものを重視している。

使用例
> The product-development team just came up with a great idea for a new app. They're really excited about **trystorming** it, as soon as they can – maybe next week.
>
> 製品開発チームは新しいアプリの素晴らしいアイデアを思いついた。彼らはできるだけ早く、来週にでもトライストーミングに取り掛かるつもりで、とてもわくわくしている。

253 ☐☐☐

Uberization
[ùːbəraizéiʃən]

ウーバリゼーション、ウーバー化

由来と使い方
> ウーバーのビジネスモデルを採用して既存サービスをオンデマンド型サービスへと転換すること。Uberはドイツ語で "over" に当たる単語に由来するサービス名。これに接尾辞 -ize を付けて動詞化し、さらに -ation で名詞化した。英語ではよくあることで、言語の柔軟性が表れている。

使用例
> Armand was making a decent living as a taxi driver until he lost it due to **Uberization**.
>
> ウーバリゼーションによって仕事を失うまで、アーマンドはタクシードライバーとしてまずまずの暮らしをしていた。

unicorn

[júːnəkɔ̀ːrn]

ユニコーン企業

由来と使い方 企業価値が 10 億ドルかそれ以上の新規未上場企業を言う。この種の大変価値のある新興企業は神話のユニコーンのように稀で幸先が良いという考えから生まれた表現。

使用例 Bill was an early investor in what turned out to be a very profitable **unicorn** software developer.

ビルは、後にすごい利益を出すユニコーン企業となるソフト開発会社の初期投資者だった。

vaporware

[véipərwèər]

ベーパーウエア

由来と使い方 公に発表はされたが発売がいつになるかわからない商品を指して言う。hardwareや softwareと同じ -wareが付くことから分かる通り、コンピューター関連の用語。vapor（蒸気）はモヤモヤして実体のないことや、本物ではないというイメージを伝える。

使用例 The company has been heavily promoting its new line of apps, but they're just **vaporware** so far. People in the know are saying the apps are just concepts at this point – no one has actually started developing them.

その会社は新しいアプリのラインを猛烈に売り込んでいるが、今までのところはベーパーウエアだ。事情通によると、現時点はアプリはただのコンセプトで、誰も実際の開発には手をつけてはいないそうだ。

256 ☐☐☐
webrooming
[wébrù:miŋ]

ウェブルーミング

由来と使い方　ショールーミング (244) の反対語。ウェブで商品情報や割引情報をしっかり仕入れておいてから実店舗で購入する行為。ミレニアル世代に比べると、ベビーブーマー世代の方がウェブルーミングする傾向にあるようだ。

使用例　"Webrooming and showrooming are not going away anytime soon. The goal for retailers is to find ways to make both concepts obsolete by better integrating digital and physical channels to better suit their customers' preferences." (jrni.com)

ウェブルーミングもショールーミングもすぐにはなくならないだろう。小売業者の目指すゴールは、消費者の好みに合わせられるようデジタルとフィジカルのチャンネルを統合することによって、どちらのコンセプトも廃れさせることだ。

257 ☐☐☐
zero-tasking
[zíəroutǽskiŋ]

ゼロタスキング

由来と使い方　「わざと何もしないこと」「スケジュールを何も入れないこと」を表す。何年か前に働き過ぎの会社員やフリーランサーの間で自分をいじめるかのように流行した multi-tasking (マルチタスキング) を、ややユーモラスにもじっている。

使用例　After years of juggling two jobs and numerous freelance gigs, Albert decided to spend one day a week zero-tasking to try to achieve some balance in his life.

2つの職と数知れないフリーの単発仕事を何年も掛け持ちした後で、アルバートは、週に1日はゼロタスキングで過ごして生活にバランスを持たせようと決めた。

06

Pop culture

ポップカルチャー

ポップカルチャーやエンターテインメントの世界で
も、新語や、新しい意味を持つようになった古い語が
流行しています。ネイティブ同士の会話についていく
には欠かせない語彙を取り上げました。

258 ☐☐☐
420
[fɔ́:rtwéni]

大麻、大麻を吸引すること

由来と使い方 | four-twentyと読む。1970年代にカリフォルニアの高校生グループが、当時うわさになっていたマリファナ農園を探しに行こうと午後4時20分に集合を決めたことに端を発する。その後、この数字はマリファナ吸引を意味するようになり、大麻サブカルチャー内で広まった。

使用例 | Hey, dude, I don't care what time the clock says it is – it's always 420 for me. Hurry up and light that joint.
なあ、おい、時計の針が今何時を指していようと関係ない――俺にとっちゃいつだって420なんだよ。さっさとこのジョイント(マリファナたばこ)に火をつけな。

259 ☐☐☐
adult beverage
[ədʌ́lt bévəridʒ]

大人の飲み物、アルコール飲料

由来と使い方 | アルコールを指すおやじギャグ的表現の一つ。レストランメニューにあるchildren's beverages(お子さま向けお飲み物)やsoft drinks(ソフトドリンクのパロディー。

使用例 | Ronald stepped up to the bar and said, "I may look young, but I've got ID to prove I'm of drinking age, so I want an adult beverage."
ロナルドはバーに近づいて、「僕は若く見えるかもしれないけど、飲める歳だと証明できるIDを持ってる。だから大人の飲み物を一杯お願いするよ」と言った。

260 □□□

ambient literature
[ǽmbiənt lítərətʃər]

アンビエント文学、読者のいる環境を内容に取り込むデジタル文学

由来と使い方

スマホなどの携帯端末で読む読み物に、読者のいる場所や天気や時間帯を反映させて、読書体験を個人化させる試み。数年前イギリスの3つの大学で実施された、スマートフォン技術の急速な進化と未来の読書の可能性を探るプロジェクトから始まったという。

使用例

I think something like "multimedia storytelling" would be a more accurate term for this, but it's not as catchy as "ambient literature."

「マルチメディア型ストーリーテリング」とでも言った方がより正確だとは思うが、それだと「アンビエント文学」ほどキャッチーじゃない。

261 □□□

appropriation of voice
[əpròupriéiʃən əv vɔ́is]

声の盗用

由来と使い方

cultural appropriation（文化の盗用）と密接に関連し、同様にイデオロギー的ニュアンスが強い表現。作家や芸術家が自分の所属しない文化の人物やテーマを描くと、「声」を盗用しているとして非難が上がることがある。しかしこれは、芸術的自由に制約を加えることにつながりかねない発想として問題視されている。

使用例

When I told Nozomi how much I enjoyed the book "Memoirs of a Geisha," she told me the book was crap because the author was guilty of appropriation of voice.

ノゾミに『ある芸者の回顧録（邦題『さゆり』)』がすごく面白かったと言ったところ、作者が声の盗用の罪を犯しているからあの本は最低だと言われた。

262 ☐☐☐

azn
[éiʒən]

アジア人

由来と使い方
SNSで素早く入力するために単語を省略したもの（Asian→ azn）。自らの民族アイデンティティに誇りを持つ、欧米諸国に住む若いアジア人が特に好んで使う。

使用例
(text message)
Jeff really has the hots for that new azn gal in math class.
（テキストメッセージ）
ジェフのやつ数学クラスの新しいアジア娘に本気でほれ込んじゃってるよ。

263 ☐☐☐

Bens
[bénz]

100ドル札、100ドル

由来と使い方
BenはBenjaminの省略形。アメリカの100ドル札にベンジャミン・フランクリンの肖像画が印刷されていることから、アメリカ人の間でよく使われているスラング。

使用例
Hey, man, can you lend me a couple of Bens? I'm short of cash right now.
あのさ、100ドル札2枚ほど貸してくれない？　今現金切らしちゃっててさ。

264 □□□
binge-watch
[bíndʒwátʃ]

（テレビドラマなどを）一気見する、立て続けに見る

由来と使い方
録画したものや配信されたものを一度にまとめて見ること。Netflix や HBO のようなオンライン TV プラットフォームの隆盛で、近年よく使われるようになった言葉。コロナ禍のロックダウン期間中に、時間の使い方を模索する中で一般的になった。

使用例
After he'd watched the series on Netflix, Arthur thought about watching it all over again, because he'd **binge-watched** it the first time and missed a lot of details in the story.

Netflix でそのシリーズ物を見終わったアーサーは、もう一回見直そうと思った。というのも、一回目は一気見してしまったので、ストーリーの細部をいろいろ見落としていたのだ。

---

265 □□□
booty call ⚠
[búːti kɔ́ːl]

セックス目的の誘いの電話

由来と使い方
booty は butt（お尻）から派生したセックスの隠語。品のある言葉ではないので、男女同席の場では使われない。call とは言うが、電話以外にも携帯メールやメッセージなどのコミュニケーションも含まれる。

使用例
George likes to boast about how he's so popular with the ladies that he can make a **booty call** whenever he feels the urge.

ジョージは、自分が女に激モテで、やりたくなったらいつでも誘いの電話をかける相手がいるってことを自慢したがる。

266 ☐☐☐
budtender
[bádtèndər]

バドテンダー、マリファナ調剤師

由来と使い方
bartender（バーテンダー）に引っ掛けた言葉遊び。大麻草の中でもbud（つぼみ）には薬理作用を持つテトラヒドロカンナビノールが高濃度に含まれる。budtenderは、合法的に大麻製品を売る店で客のニーズや好みに合わせた商品選びのサポートをする、大麻の知識を持つ人を言う。

使用例
Jessie always goes to the same cannabis store, because the **budtenders** there know her and understand that she prefers milder varieties of marijuana.

ジェシーはいつも同じ大麻ショップに買いに行く。そこのバドテンダーたちは彼女と顔見知りで、彼女がマイルドなタイプを好むと分かっているからだ。

267 ☐☐☐
cancel culture
[kǽnsəl kʌ́ltʃər]

キャンセル・カルチャー

由来と使い方
近年、社会的に認められないことをした著名人などが一気に支持者を失う傾向を言う。大衆によるつるし上げともいえるこの「キャンセル」は、ツイッターやインスタグラム、フェイスブックなどのSNSで行われることが多い。偏狭な左派が取りがちな行動だとして、保守派はこの用語を兵器のように扱っている。

使用例
"**Cancel culture** can grievously impact the cancellee's professional status. Their livelihoods could end." (The Conversation)

キャンセル・カルチャーは、キャンセルされた人の職業上の地位に深刻な影響を与えかねない。彼らの暮らしは立ち行かなくなるかもしれない。

cli-fi
[kláifái]

気候変動フィクション
= climate fiction

由来と使い方 | sci-fi（サイエンスフィクション）の言葉遊び。気候変動によって引き起こされる危機への意識の高まりから、近年人気になっているジャンルである。J・G・バラードの 1961 年の小説『沈んだ世界』は自然災害をテーマにした作品の草分けと言えるだろう。

使用例 | "When done correctly, **Cli-Fi** can connect people to their world; it can help us understand what future climate may be like, or what current climate effects are." (Guardian)

正しいやり方をすれば、Cli-Fi 小説は人々を世界と結びつけることができる。将来の気候がどうなりそうか、現在の気候の影響がどんなものなのか、私たちが理解する助けとなる。

cosplay
[kásplèi]

コスプレ

由来と使い方 | costume と play を合わせた日本発の造語。アニメ、漫画、テレビやゲームといった人気エンタメジャンルのファンが、自分たちのお気に入りのキャラを真似てドレスアップすること。日本発で、世界の若者に広まっている。

使用例 | Jenny is a hardcore **cosplay** fan who spends hours on dressing up as her favorite anime characters.

ジェニーは筋金入りのコスプレファンで、何時間もかけて大好きなアニメキャラの格好をまねている。

270 ☐☐☐
dad rock
[dǽd rák]

おやじロック、中年男性が若い頃流行していたロックミュージック

由来と使い方

60年代、70年代に流行し始めたロックも時代とともに変容しているが、新しくなっていく音楽スタイルを意に介さず、中高年男性が自分の若かりし頃のロックを楽しんでいるさまをやんわりとからかった言い方。

使用例

Irwin's father tries to act hip, but he has the most boring and predictable musical taste imaginable. All he ever listens to is dad rock.

アーウィンの父親はヒップに振る舞おうとしてるけど、音楽の好みは考えられる限り最高に退屈でありきたりだ。彼が聴くのはおやじロックだけだ。

271 ☐☐☐
dank
[dǽŋk]

（マリファナが）強力な、よく効く

由来と使い方

もともとは「ジメジメした」という意味で軽蔑的に使われていた言葉だが、まったく異なる文脈で皮肉ながら肯定的に使われるようになった。臭いの強いマリファナほど陶酔感が強く良いものである、という考えに基づいている。名詞で「強力なマリファナ」という意味もある。

使用例

Man, the weed that Jarvis had was so dank, you could smell it a block away!

なあ、ジャーヴィスが持ってた葉っぱは超ヤバくて、1ブロック先まで臭ってたぜ！

272 □□□

dumpster fire
[dʌ́mpstər fáiər]

大惨事、手の付けら
れない状態

由来と使い方
dumpsterとは、北米の都市の路地などに置いてある大型のゴミ箱のこと。さまざまな種類の廃棄物を含んでいるので、一つでも火災が発生すると危険で手に負えないことになる。そこから派生して、「大惨事」を意味するようになった。

- -

使用例
There was total chaos at the company when the media exposed the scandal involving the CEO – it was a real **dumpster fire**.

メディアが CEO 絡みのスキャンダルをスッパ抜いたときには会社が完全に混乱して、まさに収拾のつかない状態だった。

273 □□□

eargasm
[íərgæzm]

耳オーガズム

由来と使い方
素晴らしい音楽や音を聴くことで感じる究極の快楽。ear（耳）＋ orgasm（オーガズム）の言葉遊びで、聴覚の喜びを性的オーガズムに例えている。

- -

使用例
I had a complete **eargasm** when I heard the soprano in the fourth movement of Mahler's Fourth Symphony.

私はマーラーの第四交響曲の第4楽章のソプラノを聴いたとき、完全なる耳オーガズムに達した。

274 ☐☐☐
earworm
[íərwə̀ːrm]

耳に残る音楽

由来と使い方

聴き終わってもいつまでも耳にこびりついて離れない、キャッチーな音楽などのこと。wormは芋虫やミミズなどの「虫」から転じて「はって潜り込む」という意味がある。ここでは、音が人の意識の中へと知らぬ間にこっそり入り込むイメージで使われている。

使用例

That song by Rihanna is such an **earworm**! I just can't get it out of my head.

リアーナのあの歌はすごく耳に残る曲だよね！ 頭から離れないよ。

275 ☐☐☐
edgy
[édʒi]

（人が）露悪的な、極端に暗い

由来と使い方

極端に悪ぶったり、挑発的・反社会的・自虐的だったりして、時に自己パロディーにまでしてしまう人。edgyの本来の意味は、トレンドの「最先端の」あるいは「アバンギャルドな」で、新しい用法でもこのニュアンスを何かしら含んでいる。

使用例

Alice has been so **edgy** lately; she sits alone in her room all day with the curtains drawn while she listens to Nirvana and death metal.

アリスは最近やたら無理してとんがってて、一日中部屋のカーテンを締め切ってニルバーナやデスメタルを聴きながら一人で座り込んでる。

276 ☐☐☐
elephant in the room
[éləfənt in ðə rúːm]

誰もが気づいている
が誰も話題にしたが
らない大きな問題

由来と使い方 部屋の中にいる象のように大きな動物を見過ごすはずはないのに、それでも部屋にいる人々は象などいないかのようにあえて振る舞う——「否認」を表すとても生き生きとした表現だ。象は攻撃的ではなく、ただ存在しているだけで、それに対して人々がどう対応するのかが重要な点である。

使用例 No one wanted to mention the **elephant in the room**: Nancy's very obvious pregnant state.

誰もその不問の大問題に触れたがらなかった。つまりナンシーが明らかに妊娠しているということに。

277 ☐☐☐
emo
[íːmou]

エモ、情緒不安定な
（若者）

由来と使い方 1990 年代に誕生した、若者の不安や疎外感を表現したロック音楽のジャンル「エモ」に由来する。繊細で感情的、自分が社会から疎外されていることをアピールするような若者を言う。また、形容詞としても使われる。

使用例 Jane looks so **emo** with her hair dyed black and that ghoulish makeup.

ジェーンは黒く染めた髪とあの鬼みたいな化粧ですごくエモく見える。

155

278 ☐☐☐
fanboy
[fǽnbɔ̀i]

熱狂的（男性）ファン、
オタク、マニア

由来と使い方

漫画、音楽、映画、SFといったポップカルチャーのジャンルや作品、
または特定の有名人の、過剰なほど熱狂的な男性ファンを指す。言葉の
起こりは数十年前にさかのぼるが、SNSの普及に伴い、近年、より広く
使われるようになってきた。女性版は fangirl。

使用例

When it comes to the films of Quentin Tarantino, Jeremy is a
complete and utter **fanboy**.

クエンテイン・タランテイーノ映画といえば、ジェレミーが文句なしに完全なオタクファン
だよ。

279 ☐☐☐
FOMO
[fóumòu]

取り残されることへの
不安
= fear of missing out

由来と使い方

作家のパトリック・J・マクギニスが造語し 2004 年に広まった。SNSな
どで友人たちの楽しそうな投稿を見ているうちに、自身が取り残されて
いるような不安や焦りに陥る感覚のこと。最近では派生して JOMO(joy
of missing out、SNSを離れる喜び) という言葉も生まれている。

使用例

I want to stay home and go to bed early, but I also have serious
FOMO.

家にいて早く寝たいけど、深刻な取り残され不安もある。

280 □□□

gastroporn
[gǽstrəpɔ́ːrn]

フードポルノ

由来と使い方

gastro は「胃」、porn は pornography を短くした形で「ポルノ」のこと。料理本のレシピ、高級レストランの紹介記事、メニュー説明などで、やたらと食欲をそそるような写真や文章が使用されることを、性欲を刺激するポルノに例えて使う表現。高級料理への異常な執着や、料理がけばけばしくポルノ的に表現されているという意味合い。

使用例

The lush colors and high-resolution close-up shots of the chef's culinary creations were a prime example of bad-taste gastroporn.

そのシェフの創作料理の派手な色合いと高解像度の接写写真は、悪趣味なフードポルノの好例だ。

06 ポップカルチャー

281 □□□

Gen Zers
[dʒén zíːərz]

ジェネレーション Z の人たち、Z 世代の人たち

由来と使い方

Generation Z は、カナダ人作家ダグラス・クープランドが広めた Generation X（1965 〜 70 年代後半生まれ）をもじったもの。1990 年代半ば〜 2010 年代前半生まれで、インターネットや小型電子機器とともに育つ「デジタルネイティブ」とも呼ばれる世代。Generation を Gen と省略し Z に「人」を表す -er を付けてくだけた言い方にしている。

使用例

"Perhaps because they are more likely to be engaged in educational endeavors, **Gen Zers** are less likely to be working than previous generations when they were teens and young adults." (Pew Research Center)

たぶん教育に力を注ぎがちだったせいで、Z 世代は前の世代に比べて十代や若者時代に働いていない傾向がある。

282 □□□

hate-watching

[héitwɑ́tʃiŋ]

ヘイトウォッチング、
（テレビ番組や映画な
どを）嫌いだと分かっ
ていながら見ること

由来と使い方

言葉としては比較的新しいが、嫌いなものをわざわざ見てはけなす、という行為は古くからある。人には、自分の先入観が正しいことを確認して満足したがる部分があるのだろう。小説『1984年』の中にも敵の姿をスクリーンに映しみんなで罵倒する「一分間憎悪」という日課が描かれている。

使用例

Jerry spends the whole day **hate-watching** TV shows he despises, and then bores people by telling them how bad the shows are.

ジェリーは一日中、自分が嫌いなテレビ番組を見ては、その番組がいかにひどいかを話して人々をうんざりさせている。

283 □□□

hipster

[hípstər]

ヒップスター
進歩的で個性的なライフスタイルを好む人

由来と使い方

hipはクールで洗練されていて他の人の先を行く人を形容するのに使われてきたスラング。1960年代のhippieもそのバリエーションだが、hipsterはその最新バージョン。が、ヒッピーとは異なり、ヒップスターたちはテクノロジーに明るく、程よく裕福なイメージがある。独立した思考に重きを置き、周囲に流されることはない。

使用例

The former slum has been gentrified and is now attracting young artists, writers and **hipsters**, who have totally changed the character of the neighborhood.

かつてのスラム街が高級住宅街となり、今や若手芸術家や作家やヒップスターたちを引き寄せている。彼らによってその近隣の雰囲気はガラッと変化した。

284 □□□
home and hosed
[hóum ənd hóuzd]

勝利を確実にして、
成功間違いなしで

由来と使い方
オーストラリア英語から来た表現。より一般的な home and dry（大丈夫で、安心で）という表現の、ho- で頭韻を踏んだバリエーション。もともとはレースで勝った後、厩舎に戻り、ホースで水をかけてクールダウンした馬の様子を表したもの。

使用例
With a 10-2 lead in the ninth inning, the Yankees were **home and hosed.**

9回で10対2のリードなので、ヤンキースは勝利確実だった。

285 □□□
Illuminati
[ilʒùːmənáːti]

イルミナティ

由来と使い方
18世紀のドイツ・バイエルン州で結成された秘密結社。宗教の影響力に反対し、自由社会を支持するという点でフリーメイソンに似ていた。最近では、邪悪な目的のために世界情勢を密かに操っているとまことしやかにささやかれ、陰謀論者らに「陰の権力者」の代名詞として扱われている。

使用例
Bob is such a nutcase. He tried to convince me that the **Illuminati,** George Soros and Bill Gates meet once a week on a secret island to make their evil plans for the world.

ボブはイかれてるよ。イルミナティとジョージ・ソロスとビル・ゲイツが秘密の島で週に一度密会しては世界的な悪事を企んでいるんだって話を僕に信じ込ませようとしたんだ。

286 ☐☐☐

influencer
[ínfluənsər]

インフルエンサー

由来と使い方 | 以前は、商品宣伝のために有名人を起用するような状況で「インフルエンサー」の語が使われていた。しかし SNS の世界のインフルエンサーは、一般ユーザーがインスタグラムなどのプラットフォームで情報を発信してフォロワーを獲得することで知名度を上げていき、有名人としての地位を自ら築いている。

使用例 | Companies are always on the lookout for **influencers** who can help them build up their brand.

企業は自分たちのブランドを押し上げてくれるインフルエンサーを常に探している。

287 ☐☐☐

jump the shark
[dʒʌ́mp ðə ʃá:rk]

（落ち目の番組が）無謀な企画をする、悪あがきをする

由来と使い方 | アメリカのテレビ番組で、ある登場人物が理由なく、文字通りサメの上を飛び越えようとしたことに由来する。このイディオムは批評家に気に入られ、一般語彙の仲間入りを果たした。

使用例 | I was a big fan of the series until the third season, when they **jumped the shark** by having Earth invaded by fish-people from Venus.

第3シーズンまではそのシリーズの大ファンだったんだけど、そしたら金星から魚人間が地球を侵略しに来るっていう落ち目のムリ展開になっちゃったのよ。

288 ☐☐☐
kamikaze
[kàːmikáːzi]

カミカゼ、使用可能な飲み物を全て混ぜ合わせたお酒

由来と使い方

ウォッカベースの「カミカゼ」というカクテルもあるが、ここではそれとは別に、手元にあるあらゆる種類のお酒を一緒に混ぜ合わせたムチャな飲み物のこと。第2次世界大戦の特攻隊の名として知られる「カミカゼ」が、自殺的行為を連想させることから。

使用例

Tim was so drunk at the party that he went to the liquor cabinet and made what he called a **kamikaze**: a horrible combination of vodka, gin, creme de menthe, Chartreuse, rum and any other kind of booze he could find. Not too long after he drank this horrible concoction, he was violently ill.

ティムはパーティーでひどく酔っ払った挙句、リカーキャビネットまで行き、彼の言うカミカゼとやらを作った。ウォツカ、ジン、ミントリキュールや、シャルトルーズ、ラムなど手当たり次第に酒を混ぜた恐ろしい代物だ。この恐ろしい混合物を飲んで程なく、彼はとんでもなく気分が悪くなった。

289 ☐☐☐
keep it 100
[kíːp it wʌ́nhʌ́ndrəd]

100パーセント忠実であり続ける、元気で

由来と使い方

「完璧である」を意味する 100 percent のバリエーションの一つ。keep it 100 は、自分自身の価値観、他の人への友情や敬意などを「100パーセントのまま保つ」ことで、以前からある keep it real という表現と同じように使うことができる。別れ際に「元気で」ぐらいの意味で使われることもある。

使用例

A: Dude, it was awesome to hang out with you.
B: Same here, bro. **Keep it 100** until next time we meet.

A：おまえとつるむのは最高だったよ。
B：俺もだよ、ブラザー。次に会う時まで元気でな。

06 ポップカルチャー

290 ☐☐☐
Koreaboo
[kəríːəbùː]

韓国かぶれ、韓国ポップカルチャーの熱狂的ファン

由来と使い方 | Korea（韓国）の後ろに、ボーイフレンドやガールフレンドへの愛情表現として付ける接尾辞の -boo を足したもの。韓国のポップカルチャーに取りつかれ過ぎて、自国文化を非難し、自らを韓国人だと呼ぶ人もいる。

使用例 | Earl is a total **Koreaboo** – he only eats Korean food, listens to K-pop all the time and even sometimes tries to speak English with a Korean accent.

アールは完全に韓国かぶれで、韓国料理しか食べないし、いつもKポップを聴いていて、ときどき韓国風アクセントで英語をしゃべろうとさえする。

291 ☐☐☐
lit
[lít]

クールな、エキサイティングな

由来と使い方 | light（火をつける）の過去分詞から派生したこの形容詞は、もともとスラングで「酔った、その気になった」という意味だった。そこから肯定的意味に変化した。

使用例 | Like, dude, that guy is so **lit**. He always wears the coolest clothes and knows the best places to get a really good burrito.

あのさ、あいつほんとにイケてるよな。いつも最高にクールな服着て、すごくうまいブリトーを食べさせる店を知ってんだから。

292 □□□
more cowbell
[mɔ́:r káubèl]

より良いものにするために追加するもの、もう一工夫

由来と使い方　レコードプロデューサーがロックバンドのメンバーに曲をキャッチーにするため (打楽器の) カウベルをもっと入れろと強要する、というテレビコントが始まり。今やあらゆる文脈で冗談めかした比喩として使われている。

使用例　This burrito is really bland-tasting. It lacks something. It ... it needs **more cowbell**!

このブリトーはすごく味気ないな。何かが欠けてる。何か…こう、もう一味必要だ!

293 □□□
op-doc
[ápdák]

考察的短編ドキュメンタリー

由来と使い方　opinionated（自説をしっかり持った）の op- と documentary（ドキュメンタリー）の doc- を組み合わせた語。新聞の社説の反対ページに掲載される「論評」のことを op-ed (この場合の op- は opposite [反対側] から来ている) と言うが、これを意識して音を重ねている。

使用例　"The opinion department introduces **Op-Docs**, a forum for short, opinionated documentaries, produced with wide creative latitude and a range of artistic styles, about current affairs, contemporary life and historical subjects." (New York Times)

オピニオン部門はオプドク、すなわち、時事問題や現代の生活や歴史的主題に関する幅広い創造性と芸術スタイルを用いて制作された意見表明型短編ドキュメンタリーのフォーラムを始めた。

294 □□□
punk
[pʌ́ŋk]

人をだます、悪ふざけを仕掛ける

由来と使い方
1500年代に英語に入ってきた語で、元は同性愛関係で受け身側の男性を意味した。その後「いかがわしい若い男」を広く指すようになり、やがて音楽スタイルとしてのパンクロックを指すようになった。規範から外れたイメージが現在の用法にもつながっているのだろう。

使用例
Borat did an amazing job of **punking** Giuliani in the movie's hotel room interview scene.
映画の中でボラットは、ホテルの部屋でのインタビューシーンで、ジュリアーニに見事な悪ふざけを仕掛けた。

295 □□□
showrunner
[ʃóurʌ̀nər]

ショーランナー

由来と使い方
テレビ番組や映画のクリエイティブ面における決定権と管理責任を全面的に担う人。テレビではシリーズ全体の最終管理を行う現場責任者に当たる。run a show（番組を放送する）というフレーズから派生したと言われている。

使用例
"In practice, the **showrunner** is the big brain of an episodic television series, and the executor of the ordered number of scripts for a given season." (USA Today)
実際のところ、ショーランナーとは、連続テレビドラマシリーズの頭脳であり、特定シーズンに関して決められた数の脚本の執行者である。

296 ☐☐☐
smize
[smáiz]

スマイズ、目だけで
ほほえむこと

由来と使い方
音に合わせてつづりが変わっているが、smile と eyes からなる合成語。口元がマスクによって隠されているコロナ時代の顔の表情をうまく言い表している。

使用例
At first, when Jeff told Marjorie the news, he couldn't tell whether she was pleased or not. But when he looked her in the eye, she gave him a great big smize, and he knew everything was OK.

最初、ジェフがマージョリーにその知らせを伝えたとき、彼女が喜んでいるのかいないのか彼には分からなかった。でも彼女の目をのぞき込んだら、とびっきりのスマイズが返ってきて、全てが OK だと了解した。

297 ☐☐☐
snapplause
[snǽplɔ̀ːz]

拍手の代わりに指を
鳴らすこと

由来と使い方
snap（ぱちっと鳴らす）と applause（拍手喝采する）の合成語。通常の拍手よりこちらの方が邪魔にならないと考えられている。

使用例
Snapplause is quiet, and it offers encouragement to a speaker or performer when you don't want to bring too much attention to yourself as a member of the audience.

拍手代わりの指鳴らしは静かで、観客の一人としてあまり出しゃばりたくないときに、講演者や演奏者に励ましを伝えることができる。

298 □□□

twerk
[twə́ːrk]

トゥワーク

由来と使い方
音楽に合わせて、お尻を突き出し、低くしゃがんだ姿勢でセクシーに挑発的に踊るダンス。新しいダンススタイルがキャッチーで覚えやすい名前を持つ傾向にある好例。かつて流行したダンス twist と jerk を合わせた語と言われている。

使用例
Janie got a lot of attention on the dance floor with her vigorous twerking.
ジェイニーは派手なトゥワークダンスでダンスフロアーの注目を一身に浴びた。

299 □□□

woke
[wóuk]

社会意識の高い

由来と使い方
woke は wake（目覚める、目覚めさせる）の標準外の過去分詞で、おそらくアフリカ系アメリカ人英語から来ている。人種平等や社会正義を求める活動家の間で広く使われている。ただ、woke な人々は堅物で融通が利かないとして批判する際に使われることもある。

使用例
"Criticising 'woke culture' has become a way of claiming victim status for yourself rather than acknowledging that more deserving others hold that status." (Guardian)
「意識高い系の文化」を批判することは、被害者の立場に置かれるべき人々を差し置いて自分が被害者であるかのような主張をするようなものだ。

Environment

環境

気候変動や環境破壊など、人類の生存を脅かす地球規模の問題がクローズアップされています。日々世界中から届くニュースや情報を理解し、情報交換や発信をするためにも覚えておきたい語彙を厳選しました。

300 □□□
Adaptation Fund
[ædəptéiʃən fʌnd]

（京都議定書）適応
基金

由来と使い方
発展途上国が気候変動に適応（対処）するための事業や計画に資金供与するための基金。2005 年に発効した京都議定書（国連気候変動枠組条約に関する議定書）に基づいて設立された基金のうちの一つ。

使用例
"The United Nations **Adaptation Fund** ... remains an empty shell, largely because rich nations have failed to come through with the donations they promised." (New York Times)

国連の適応基金は……まだ中身が伴っていない。裕福な国々が約束の援助金をまだ出していないのが主な理由だ。

301 □□□
anthropause
[ǽnθrəpɔ̀ːz]

アンソロポーズ、人類
の活動停止（期間）

由来と使い方
コロナ禍で人間の活動（特に旅行などの移動）が一時的に控えられていることを表して、『ネイチャー』誌が作り出した言葉。anthro- は「人類、人間」を意味するギリシャ語由来の接頭辞で、anthropology といえば「人類学」のこと。

使用例
The **anthropause** is an unprecedented opportunity to study how humans affect animal behavior.

アンソロポーズは、人間が動物の行動にどんな影響を与えているのか研究できる前例のない機会である。

302 □□□

anthropogenic climate change

[æ̀nθrəpədʒénik kláimit tʃéindʒ]

人為的気候変動

由来と使い方
人間の活動が原因の気候変動。用語自体は古くから存在していた（Merriam-Websterによると1883年から）が、最近になって広く使用されるようになった。anthropogenic（人為的起源の）と言うとman-made（人が作り出した）より重大そうに聞こえるが、基本的には同じ意味。

使用例
"**Anthropogenic climate change** has slowed global agricultural productivity growth" (Nature magazine)
人為的気候変動によって地球全体の農業生産の成長が鈍っている

303 □□□

black elephant

[blǽk éləfənt]

ブラック・エレファント、驚かされるような巨大な問題

由来と使い方
black swan（珍しいもの、予期せぬ事象）と、elephant in the room（276）との交配種。環境保護主義者アダム・スウェイダンが、地球規模の気候変動に対する人類の態度を表して造語したもの。危機が存在し対処する必要があることを知ってはいるが、異常な事象に驚いてしまうというわけだ。

使用例
"'Currently,' said Sweidan, 'there are a herd of environmental **black elephants** gathering out there' – global warming, deforestation, ocean acidification, mass extinction and massive fresh water pollution." (New York Times)
「現在、環境問題のブラック・エレファントの群が出現してきている」とスワイダンは述べた。地球温暖化、森林破壊、海洋の酸性化、大量の絶滅、そして大規模な飲料水汚染のことだ。

304 ☐☐☐
cap-and-trade
[kǽp ənd tréid]

キャップ・アンド・トレード、国内排出量取引

由来と使い方
capは政府が定める二酸化炭素排出量の「上限」を意味する。各事業者に排出量が割り当てられ、上回ってしまいそうな事業者は他の事業者と排出量の取り引きをすることができる。上限を定めることで炭素排出量削減を目指す試み。

使用例
"Tokyo, a city with a carbon footprint larger than many industrialized nations, launched its own **cap-and-trade** system in 2010." (David Suzuki Foundation)

工業国の中でも二酸化炭素排出量が多い都市である東京は、2010 年に独自のキャップ・アンド・トレード制度を始めた。

305 ☐☐☐
carbon neutral
[kɑ́ːrbən njúːtrəl]

カーボンニュートラル

由来と使い方
排出した二酸化炭素の分、他の手段を使って相殺し、排出実質ゼロとすること。気候変動への意識が高まったことで、科学的議論の枠を越えて、現在では一般に広く使われている用語。政治家やビジネス関係者がしょっちゅう使うので、もはや決まり文句のようになっている。

使用例
"The government of Canadian Prime Minister Justin Trudeau on Thursday submitted draft legislation that it said would allow the country to be **carbon neutral** by 2050, but his opponents dismissed the initiative as 'smoke and mirrors.'" (AFP)

ジャステイン・トルドー首相率いるカナダ政府は木曜日に、2050 年までにカーボンニュートラルを達成する法案を提出したが、彼の政敵はその計画を「ごまかし」だとしてはねつけた。

306 ☐☐☐
climate forcing
[kláimit fɔ́ːrsiŋ]

気候変化強制力

由来と使い方
さまざまな要因が絡んで、地球の気候に通常の変動循環の範囲を超えた変化が起こされることを言う。変化を起こす要因には、太陽放射熱量の変化、活火山の噴火や人間活動による温室効果ガスのレベル上昇などがある。

使用例
"Climate forcing must generate a response, the same way a mechanic force causes an object to move." (ossfoundation.us)
機械的な力で物が動くのと同じように、気候変化強制力も反応を生じさせるのが必定である。

307 ☐☐☐
climate refugee
[kláimit rèfjudʒíː]

気候難民

由来と使い方
気候変動が理由で住まいを失う人々が大量に発生していることで、この言葉が広く使われるようになった。問題は、気候難民に明確な法的定義がないことで、1951年制定の国連難民条約が彼らには適用されないのだ。

使用例
"The world should brace itself for millions of climate refugees in coming decades, a mass migration that will be larger than any in human history, says a new report." (Toronto Globe and Mail)
今後数十年の間に、人類史上最大の数百万人規模で発生するであろう気候難民という大量移民に対して、世界は心構えをしておかなければならない、と最新の報告書は述べている。

308 □□□
degrowth
[dì:gróuθ]

脱成長、反成長

由来と使い方
経済的成長が生態系にもたらす破壊的影響に警鐘を鳴らした、1972年の『成長の限界』というリポートに端を発する。際限なく成長を求める価値観から脱却し、エネルギーや資源の消費を計画的に減らしながら社会の不平等もなくしていくべきだという考え。

使用例
"The ideology of **degrowth** implies a principle of balance at all levels, and in particular a readjustment of disparities." (youmatter.world)

脱成長のイデオロギーは、全てのレベルでの均衡の原則、特に格差の再調整につながる。

309 □□□
downcycle
[dáunsàikl]

ダウンサイクルする

由来と使い方
リサイクルの結果、品質の低いものになること。例えば、プラスチックはリサイクルされるごとに劣化する。近年、持続可能な社会と経済を作る必要性が明確になったことで、広く使われるようになった語。逆に、リサイクル後に価値や品質のより高い製品へと変換することは upcycle と言う。

使用例
"Less than 10 percent of all plastic ever produced has ever been recycled, and most of this is actually **downcycled** into other polymers due to the breakdown of its chemical structures during recycling." (realclearenergy.com)

これまで生産されたすべてのプラスチックのうちリサイクルされたのは10%に満たないが、そのほとんどが、リサイクルの過程でその化学構造が分解されるため実際は他のポリマーへとダウンサイクルされている。

310 □□□
extreme event attribution
[ikstríːm ivént ætrəbjúːʃən]

異常事象の原因解析

由来と使い方

洪水、嵐、熱波のような極端な現象の原因を明らかにすることを目的にした、新しい科学分野。気候変動が明らかになった現在、メディアで広く使われる。極端な自然現象の発生が、自然な天候パターンでも起こるものなのか、地球温暖化によって引き起こされているかを見極めようとするもの。

使用例

"The goal of **extreme event attribution** is to provide a local-scale perspective that people, communities, and businesses can use to better anticipate future changes in extremes at their specific location." (climate.gov)

異常事象の原因解析のゴールは、特定の地域の人々や地域社会や企業が未来の変化を予測しやすくなるよう、地域規模の予報を提供することだ。

---

311 □□□
forest bathing
[fɔ́ːrist béiðiŋ]

森林浴

由来と使い方

日本語の「森林浴」からの直訳。心静かに考え事をしながら森の中を散歩するのは心身の健康に有益だということが、科学的にも裏付けられてきたため、欧米諸国で近年人気が増している。

使用例

"**Forest bathing** is not just for the wilderness-lover; the practice can be as simple as walking in any natural environment and consciously connecting with what's around you." (National Geographic)

森林浴は自然愛好者だけのものではない。実行することと言えば、どんな自然環境の中でもただ歩いて、周りにある自然との一体感を意識的に持てばいいだけなのだから。

312 ☐☐☐
geoengineering
[dʒíːouèndʒiníəriŋ]

ジオエンジニアリング、地球工学、気候工学

由来と使い方
気候変動を解決するような、地球規模の環境影響力を及ぼす技術。地球の温度上昇を引き起こす太陽放射の管理や温室効果ガスの除去といった戦略を提案するが、まだほとんど実績はない新しい分野だ。

使用例
"The world may increasingly look to **geoengineering** in the wake of the latest UN climate report, which says it could be adopted as a temporary 'remedial measure' if the world heads towards dangerous levels of warming." (Guardian)

最新の国連気候報告書が、もし世界が温暖化の危険レベルまで向かいそうであれば「対応策」として採用するかもしれないとしたことで、地球工学に世界の目がさらに向かうかもしれない。

313 ☐☐☐
global warming potential (GWP)
[glóubəl wɔ́ːrmiŋ pəténʃəl (dʒíːdʌbljùːpíː)]

地球温暖化係数（GWP）

由来と使い方
二酸化炭素を基準にして、それ以外の気体が温暖化効果をどれだけ持っているか表す数値。GWP値が高くなるほど、大気中に存在している間に、より多くの赤外線（つまり熱）を吸収するので、それによって温暖化が進んでしまう。

使用例
"... methane and nitrous oxide are also extremely important for climate change. The **global warming potential**, or power, and lifetime in the atmosphere of each of these gases differs." (Humane Society International)

……メタンと亜酸化窒素も気候変動には極めて重要だ。これらガスの地球温暖化係数すなわち温暖化力と、大気にとどまる期間の長さは、それぞれ異なる。

314 □□□
go green
[góu grí:n]

環境に優しいことを
実践する

由来と使い方
greenは環境に優しく持続可能なものや活動を指すのに広く使われる。小売りやサービス部門では肯定的に受け入れられているが、実体を伴わない標語になる恐れもある。

使用例
"In public shift, Kenney says Alberta has to **go green** over time" (headline, Calgary Herald)

公共面で、アルバータ州は徐々に環境に配慮した方針を実践しなければならないとケニー（州首相）は述べた。

---

315 □□□
heat dome
[hí:t dóum]

ヒートドーム

由来と使い方
熱い大気が広い範囲をドーム状にすっぽりと覆う現象。ひどい熱波が北米の太平洋側を襲った2021年の夏に広く知られるようになった言葉。人間による気候変動なしに起こるものではないと科学者たちは口をそろえた。

使用例
"As global temperatures rise, heat waves and '**heat domes**' will be hotter and longer." (CBC)

地球の温度が上がるにつれて、ヒートウェーブや「ヒートドーム」はより高温になり、より長引くだろう。

316 □□□

hockey stick
[háki stík]

ホッケースティック曲
線

由来と使い方 | 急激な成長曲線。ホッケーのスティックを平らに置いて、先端のブレード部分が上向きになったイメージ。長年変化なく平坦だったものが直近で急上昇しているグラフのこと。地球の温度変化などがこれに当たる。

使用例 | "The hockey stick told a simple story: There is something unprecedented about the warming we are experiencing today and, by implication, it has something to do with us and our profligate burning of fossil fuels." (Scientific American)

ホッケースティック曲線は単純な事実を伝える。現在私たちが経験している温暖化には前例のない何かがあって、それは私たちや私たちが化石燃料を節操なく燃やしたことと何か関係がある、と暗に語っているのだ。

317 □□□

INDCs
[áiéndí:sí:z]

（気候変動対策に関する）国別約束草案
= intended nationally
determined contributions

由来と使い方 | 2020 年以降の温室効果ガス削減目標を各国が草案として定めた文書。気候変動に関するパリ協定が採択された 2015 年から使われるようになった。地球温暖化問題に、まず各国が目標を立てて取り組むという、ボトムアップ方式のアプローチを採用したもの。

使用例 | "INDCs create a constructive feedback loop between national and international decision-making on climate change." (World Resources Institute)

INDCsは、気候変動に関する国と国際間での意思決定の建設的なフィードバックの循環をつくり出す。

318 □□□

net zero
[nét zíərou]

ネットゼロ

由来と使い方
「差し引きゼロ、実質ゼロ」という意味。人間の活動で排出される二酸化炭素量と森林などで吸収される量とのバランスを取る、という環境目標。元はビジネス用語だったが、気候危機への意識が増した今、一般のメディアや普通の人々の会話の中でも使われるようになっている。

使用例
"Net zero by 2050: So easy to say, so hard to do" (headline, CBC)
2050 年までのネットゼロ：言うはやすく行うは難し

---

319 □□□

offset system
[ɔ́:fsèt sístəm]

オフセット制度

07 環境

由来と使い方
二酸化炭素に代表される温室効果ガスの排出量を買ったり売ったり交換したりできるシステム。offsetは「相殺する」という意味で、減らせなかった排出量を削減活動への投資など別の形で相殺することを言う。気候変動の脅威に関心が高まり、解決のためのさまざまな提案が出される中で広く使われるようになった。

使用例
"With an offset system, a firm that finds it costly to comply with the emissions mandate can pay another, unregulated actor, like a farmer or forest manager, to reduce emissions in its stead." (CBC)
オフセット制度を利用すれば、排出制限に従うことにコストがかかり過ぎると考える会社も、農業従事者や森林管理者といった規制されていない他の当事者に対価を払って、代わりに排出を減らしてもらうことができる。

320 ☐☐☐
Planet B
[plǽnit bíː]

地球の代わりとなる
惑星、第二の地球

由来と使い方

当初の計画がうまくいかないときの代替案を意味する Plan B に planet
を掛けた言葉遊び。人類が生活できるような地球に似た惑星など都合よ
く見つかるものではないので、"There is no Planet B."（第二の地球は
ない）というフレーズが、環境問題の緊急性を表して使われる。このタ
イトルの本が 2019 年に出版されている。

使用例

"We are left with the conclusion that preservation of our
planet, Planet A, is the only recourse for the survival of
humanity, and that 'There is no **Planet B.**'" (TED Talk by David
Galbraith)

われわれに残された結論は、地球、つまりプラネット A の保全が人類の生き残りの
唯一の頼みの綱であり、「プラネット B はない」ということだ。

321 ☐☐☐
superpredator
[súːpərprèdətər]

スーパープレデター、
超捕食者

由来と使い方

さまざまな種を絶滅に追いやったという意味で「人類」を指す。もとも
とは犯罪学者が、手の施しようのない更生不能な犯罪者タイプを指すの
に使っていたもの。地球の生態系に対して人類が行ってきた深く広範な
打撃に対しての認識が高まる中で、この言葉が対象を変えて使われるよ
うになった。

使用例

"The human species was able to become a **superpredator**
through technology, which has allowed us to escape the limits
usually found in predator-prey relationships." (Smithsonian
Magazine)

人類が超捕食者になりおおせたのはテクノロジーを通じてのことだが、それにより
捕食者・被食者間に通常見られるバランス関係の限界から脱することになってしまっ
た。

322 ☐☐☐

tipping point
[típiŋ pɔ́int]

ティッピングポイント、
転換点

由来と使い方

小さなことが一気に大きな変化へとつながる瞬間を言う。2000 年にマルコム・グラッドウェルが本のタイトルに使ってから広く知られるようになった。例えば、地球の気候条件があるティッピングポイントに達すると、取り返しのつかない変化へとつながってしまう。

使用例

"The Amazon is emitting more carbon than it can absorb, in what scientists say is a disturbing new signal that the Earth may be reaching a **tipping point** on climate change." (Washington Post)

アマゾン (川流域) は吸収可能な量より多くの炭素を排出している。それは科学者たちによれば、地球が気候変動のティッピングポイントに達しつつあるかもしれないことを示す新しい不穏な兆候である。

---

323 ☐☐☐

vertical forest
[vɔ́ːrtikəl fɔ́ːrist]

垂直の森、緑化を取り入れた高層ビル

07
環境

由来と使い方

イタリアの建築会社が園芸家や植物学者らとも協力し、ミラノの 2 基の高層建築に初めて取り入れた構想。ビルには 500 本の中～大サイズの樹木、300 本の小サイズの樹木、5000 本の低木、そして 1 万 1000 株の植物が植え込まれている。

使用例

"The **Vertical Forest** buildings of the architect and urban planner Stefano Boeri make the most of the often overlooked and profound contributions of a single tree." (New York Times)

建築家であり都市プランナーであるステファーノ・ボエリ氏の「垂直の森」ビルは、普段は見過ごされがちな、一本の木が与えてくれる深甚な貢献を最大限に生かしている。

短命な流行語の見極め方

本書のために言葉や表現を集めているとき、それらの中には楽しいものや想像力に富んだものもあれば、新型コロナウイルスのロックダウンで時間を持て余したジャーナリストやコピーライターが作り出した一時的な流行語なのではないかと思えるものもありました。例えば、quarantiniは、隔離期間中に家にあるお酒で作るカクテルを意味します。

quarantiniという言葉を面白いとは思いましたが、メディアであまり見かけず、会話でも聞いたことがありません。そこで、私はこの言葉を本書に載せませんでした。私の勘では、この言葉はすぐに消え去ると思います。

このような言葉は、強くて有機的な「根」を持たないため、長く使われることはありません。このことを学んだのは、亡き義父から受け継いだ『アメリカ俗語辞典』(Dictionary of American Slang ／ 1960 年版) を読んだときでした。この辞典には、先見の明のある編集者が、一般に広まることのない語だとラベル付けした俗語や表現がたくさん載っています。そして、ほとんどの場合、彼らは正しかったのです。

そこで本書では、語彙の新しさと定着力のバランスを取るよう心がけました。新しい語彙や表現が楽しいからといって、それが役に立ったり、知る必要があったりするとは限らないのです。「役に立つ」とか「必要である」というのは、もちろん主観的なものですが。

Society / Everyday conversation

社会・
日常会話

日常生活、社会生活を行っていく中で、ここのところ
すっかり定着し、日々使われている語彙があります。
ネイティブ同士の会話の聞き取りや、ネイティブとの
会話をスムーズに運ぶための必須語彙です。

324 ☐☐☐
adulting
[ədʌ́ltiŋ]

責任ある大人として
振る舞うこと

由来と使い方
特に洗濯、家事、請求書の支払いなどの日常の作業をきちんと済ませることを言う。ミレニアル世代によって作られたとされる表現。大人の世界に入ることへの意図的遅延や嫌悪感を反映している。

使用例
I'm not very good at **adulting**. I eat fast food, while I let fresh vegetables I bought go rotten in my fridge.

私は大人らしい行動はあまり得意ではないの。ファストフードをつい食べちゃって、せっかく買ってある野菜を冷蔵庫で腐らせちゃうのよね。

325 ☐☐☐
all the way up
[ɔ́ːl ðə wéi ʌ́p]

有頂天で、天にも昇
る心地で

由来と使い方
2016年のファット・ジョー＆レミー・マーによるラップソングのタイトル "All the Way Up" から、この意味で使われるようになった。のちに、ソフトドリンクのマウンテンデューの宣伝にも使われた。

使用例
Man, when Jeanine told me she'd marry me, I was **all the way up** – I was so damn happy!

なあ、ジェニーンが俺と結婚してくれるって言ってくれたときは天にも昇る気持ちだったよ──めちゃくちゃ幸せだったさ！

326 □□□

aughts
[ɔ́:ts]

ゼロ年代、00 年代

由来と使い方 | 21 世紀の最初の 10 年（2000 年～ 2009 年）を表す言い方。aught は「ゼロ」のこと。世紀最初の 10 年間は 2000 や 2005 のように年代にゼロが複数続くので、aughts と複数形で表すようになった。

使用例 | **Income disparity in the United States greatly increased in the aughts.**
合衆国における所得格差はゼロ年代に飛躍的に広がった。

---

327 □□□

bait bike
[béit báik]

（自転車泥棒を捕まえるための）おとり自転車

由来と使い方 | 通勤や遊びにサイクリングが人気になり、人々は高性能な自転車に多くのお金をかけている。そうした自転車が自転車泥棒たちにとって魅力的な標的になっているが、これを取り締まるために、北米の主要都市の警察はおとりとして GPS を取り付けた自転車を使っている。

使用例 | **The police used bait bikes placed in areas where there had been many bike thefts to crack down on an organized gang of bicycle thieves. Those suckers fell for the bait.**
警察は組織化された自転車窃盗団を取り締まるために、自転車盗難の多い地域に置いたおとり自転車を使った。連中はまんまと引っ掛かった。

08 社会・日常会話

328 ☐☐☐
BAME
[bíːéiémíː]

黒人・アジア人・少
数民族
= Black, Asian and
minority ethnic

由来と使い方 | 白人以外の人を指すのに使われる新しい用語。略語にしても発音できるという利点があるが、POC (person of color、389) のように言葉として生き残れるかどうかは、時間が証明することになるだろう。

使用例 | **"'Don't call me BAME': Why some people are rejecting the term"** (BBC)

「私をBAMEと呼ばないで」：この言葉を否定する人々がいる理由

---

329 ☐☐☐
binner
[bínər]

ビナー、空き缶や瓶
を集めて暮らしを立て
ている人

由来と使い方 | 外に出してある大型のゴミ箱（garbage bin）から来た言葉。ビナーたちはそうしたゴミ箱の中をかきわけて、リサイクルセンターで売れる瓶や缶を物色する。社会の不平等が広がった北米の都市でより顕著な存在になっている。

使用例 | **The binners in the lane outside my condo keep waking me up early in the morning as they sort through the bottles and cans they find in the garbage.**

うちのマンションの裏道で朝早くからビナーたちが換金できる瓶や缶をゴミ箱から探し回る音にいつも起こされる。

330 □□□

blowout win

[blóuàut wín]

圧勝、大差をつけた
一方的な勝利

由来と使い方 | 車のタイヤが走行中に突然破裂したときの音と衝撃にたとえた表現。スポーツの試合やコンテストなどで使われる。

使用例 | The Canadian national hockey team beat the American team by 10 goals – it was a blowout win.

カナダのナショナルホッケーチームはアメリカチームを10ゴール差で破った——まさに圧勝だった。

---

331 □□□

brain fart

[bréin fáːrt]

老化による物忘れ、
一時的記憶喪失

由来と使い方 | senior moment（シニアの一瞬）として知られる、突然の物忘れや、考えの脈絡を失ったり、自分が話している内容や話のポイントを思い出せなくなったりした瞬間のこと。こうした時は人前でオナラ（fart）をするのと同じくらいきまりが悪く情けないという発想からできた表現。

使用例 | I was telling my friends about my vacation when I suddenly had a brain fart and couldn't remember the name of the hotel I stayed at.

友達に休暇の話をしていたら、急にど忘れして泊まったホテルの名前を思い出せなくなった。

08 社会・日常会話

185

332 ☐☐☐
clusterphobic
[klʌ̀stərfóubik]

失態恐怖症

由来と使い方
claustrophobic（閉所恐怖症）に引っ掛けた言葉遊び。cluster-の部分はこの場合、単なる「クラスター、集団」ではなく、「失敗に失敗が重なってひどい事態を招くこと、とんでもない大失態」を意味する下品な表現clusterfuckから取られている。

使用例
Virginia is so **clusterphobic** that she avoids planning parties or any kind of social event – she's morbidly afraid that she'll screw them up.

ヴァージニアはひどい失態恐怖症で、パーティーにしろどんな類いの社会的行事にしろ計画するのを避けている。自分のせいで台無しになるのではないかと病的に恐れているのだ。

333 ☐☐☐
coronababy
[kəróunəbèibi]

コロナベビー

由来と使い方
コロナ禍のロックダウン中に授かった赤ん坊。ロックダウン中にカップルがより長い時間を一緒に過ごすので、多くの地域で出生率が上がることが期待されている。

使用例
Agnes and Tim already have two kids, but because of the long lockdown, it looks like a **coronababy** will be a new addition to their family.

アグネスとティムはすでに2人子供がいるが、ロックダウンが長く続いたので、コロナベビーが新たに家族に加わりそうだ。

334 □□□
covidivorce
[kɔ́:vidivɔ̀:rs]

コロナ離婚

由来と使い方 | COVID（= coronavirus disease、コロナウイルス感染症）と divorce（離婚）とをつなげた造語。コロナウィルスによるロックダウン期間中、毎日 24 時間一緒にいることが、別れにつながるカップルも増えた。

使用例 | George and Ellen had a happy marriage before the pandemic, but they got on each other's nerves so much during the lockdown that they're getting a **covidivorce**.

パンデミックの前まではジョージとエレンは幸せな結婚をしていたのに、ロックダウン中にお互い神経に触ることが増えて、コロナ離婚してしまった。

---

335 □□□
CQ
[síːkjúː]

curiosity quotient
（好奇心指数）の頭
文字語

由来と使い方 | IQ（知能指数）のもじり。様々な文化的背景を持つ相手とコミュニケーションを取り、協力できる能力のこと。社会において多様性が尊重されるようになってきたことを反映する語といえる。

使用例 | "In a world where crossing boundaries is routine, **CQ** becomes a vitally important aptitude and skill." (Harvard Business Review)

国境を越えることが日常的に繰り返される世界にあって、CQ は非常に大切な適性でありスキルになっている。

336 □□□
dad joke
[dǽd dʒóuk]

おやじギャグ

由来と使い方
中年男性に好まれる、ひねりのない冗談や語呂合わせ。広く使われている表現だが起源ははっきりしない。優しくからかっている感じがあるのは dad rock (270) などと共通する。

使用例
Barb is always so embarrassed when her father makes one of his stupid **dad jokes** in front of her friends.

バーブは父親が友達の前でくだらないおやじギャグを飛ばすのがすごく恥ずかしい。

337 □□□
dead-tree edition
[dédtríː idíʃən]

（オンライン版に対して）紙版

由来と使い方
紙が「死んだ木」からできている、というおやじギャグ的表現。オンラインで新聞や書籍を読める時代に、紙を作るために木を伐採するという考えをやんわり批判しているようにも見える。

使用例
Although an electronic edition of the paper has been available for many years, Stewart says he prefers to read the **dead-tree edition** while relaxing in his armchair after dinner.

電子版の新聞が普及して何年にもなるが、スチュワートは夕食後に肘掛け椅子でリラックスしながら紙版の新聞を読むほうが好きだと言う。

338 □□□
dial back/down
[dáiəl bæk/dáun]

（勢いなどを）弱める、控えめにする

由来と使い方
ダイヤルを数字の小さい方向に回し戻すことより。昔ながらの室内サーモスタットの温度調節ダイヤルを下げる動作に基づいているようだが、この表現は今も、そんな古めかしい機器など見たこともない人たちによって広く使われている。

使用例
The president is trying to **dial back** his controversial comments about peace in the Middle East after tensions rose there in reaction to what he said.

大統領は、自分の発言に反応して現地の緊張が高まったため、中東和平に関する物議をかもすコメントをトーンダウンするのに努めている。

---

339 □□□
done
[dʌ́n]

終わった、もう我慢ならない

由来と使い方
状況への不満を表し、もう終わりにしたいと伝えるときに使われる。I'm done talking with you. と言えば「あなたとはもう話さない」という宣言。I'm done には引き返せない決定的な感じが暗に含まれている。

使用例
Deborah pleaded with Elmer to give their marriage one more chance, but he said, "I'm **done!**" and left the house to have breakfast by himself at the truck stop.

デボラはエルマーに結婚を続けるチャンスをもう一度くれるようにと懇願したが、彼は「俺はもうたくさんだ！」と言って、ドライブインで一人で朝食を食べるために家を出て行った。

08 社会・日常会話

340 ☐☐☐
effing
[éfiŋ]

いまいましい、ひどい

由来と使い方 | fuckingを言い換えて和らげた表現で、通常は形容詞として使用される。fuckingを "f---ing" のように途中伏字にして表記することがあるが、これをそのまま、fを「エフ」として読んだもの。

使用例 | When I told Josh how much money he owed me, all he could say was, "No effing way!"

ジョシュに俺が貸してる金の額を言ってやったら、返ってきたのは「マジでそんなはずあるわけねぇ!」だった。

341 ☐☐☐
elder law
[éldər lɔ́:]

高齢者に関する法律

由来と使い方 | 急激に高齢化する社会の必要に応えて生まれた、比較的新しい法律の専門分野。遺書作成、健康管理、年齢差別、肉体的精神的無力化対策といった事柄を取り扱う。

使用例 | "Our elder law group is committed to enhancing the lives of people as they age and protecting vulnerable adults." (Clark Wilson law firm, cwilson.com)

当事務所の高齢者法律部門は、年齢を重ねる方々の生活をより豊かにし、助けの必要な成人の方々を守ることに尽力しています。

342 □□□
elite panic
[ilíːt pǽnik]

エリートパニック

由来と使い方 | エリート層の人間が、社会的動乱やパンデミックなどの危機に直面して感じる恐怖や感情的ストレス。ラトガーズ大学のキャロン・チェス氏とリー・クラーク氏によって造語されたと言われている。

使用例 | "In some cases, disaster studies teaches us, those in power are so overcome with worry about mass panic and looting that they overreact and clamp down on a public that isn't actually panicked at all. Disaster scholars refer to this phenomenon as 'elite panic.'" (New York Times)

災害研究からわかることは、権力者は大衆がパニックを起こし略奪を始めることを心配するあまり過剰反応して、実際にはパニックなど起こしてもいない大衆に弾圧を加えることがある。災害学者はこの現象を指してエリートパニックと呼ぶ。

343 □□□
facepalm
[féispàːm]

額に手を当てて驚く、困惑する

由来と使い方 | 困惑、驚きを表するときや、忘れていたことを思い出したときに、大げさに額を手のひらでたたくしぐさが、動詞になったもの。ボディー・ランゲージの説明が一般的表現となった例の一つ。

使用例 | I facepalmed when I started watching my high school talent show video.

自分の高校時代のタレントショーのビデオを見はじめて、(恥ずかしさに)額に手を当てた。

344 ☐☐☐
first-world problem
[fə́:rstwə́:rld prábləm]

第一世界の問題、先進諸国のささいな問題

由来と使い方　開発途上国の人々が直面する深刻な問題とは対照的に、先進諸国の人々が経験する小さな問題を言う。first world（第一世界、先進諸国）は最近ではあまり聞かない言葉だが、third world（現在では developing countriesと言う）との対比で使っている。

使用例　Madge was whining and complaining about how she couldn't find a good Riesling to serve at the reception, until Alice told her that was a **first-world problem** and to just shut up.

マッジはパーティーで出すリースリングワインのいいのが見つからないと文句たらたらだったが、ついにアリスにそんなのは先進国のささいな問題だから黙りなさいと一喝された。

345 ☐☐☐
flash mob
[flǽʃ máb]

フラッシュモブ

由来と使い方　あらかじめ決められた場所に集まり、突然のパフォーマンスをした後、素早く姿を消す集団。またはそのパフォーマンス。flash（閃光）は突然現れて突然消えることを、mob（群れ）は無法で制御不能な人々を示唆する。

使用例　"**Flash mobs** have recently become a powerful tactic for political protest, particularly under repressive conditions."
("Beautiful Trouble" by A. Boyd & D. Mitchell)

フラッシュモブは近年、特に抑圧的な状況下における政治的抗議の強力な戦術となってきている。

346 □□□

float one's boat
[flóut wánz bóut]

（人）を幸せにする、
（人）をワクワクさせる

由来と使い方
floatとboatで韻を踏んでいることで頭に残りやすいフレーズだ。float（浮かべる）には「いい気分にさせる」「成功させる」といった含みがある。float someone's boatには、相手が喜ぶならどんなことでもする、という寛容のニュアンスが含まれる。

使用例
A: I'd like three green maraschino cherries on my banana split, please. And extra chocolate sauce. And a dash of mustard on the side.
B: Sure thing – whatever floats your boat.

A：バナナスプリットの上にはグリーンのマラスキーノチェリーを3つ載せてちょうだい。それからチョコレートソースを多めに。脇にはマスタードを添えて。
B：了解── 何でもお好みどおりにしますよ。

---

347 □□□

food fight
[fú:d fáit]

辺り構わぬみっともない争い

由来と使い方
例えば、学校のカフェテリアで学生同士が食べ物を投げ合ってふざける、またはケンカするのがfood fight。収拾のつかない見苦しい争いであり、未熟で尊厳が欠如していることを比喩的に言い表す。

使用例
"Voters will also hope for some policy discussion after the nasty and disruptive **food fight** between Mr. Trump and Mr. Biden." (BBC)

みっともない泥仕合を経て、有権者たちはトランプとバイデンの間である程度の政策論議が行われることも期待もするだろう。

348 ☐☐☐
friggin/frickin ⚠️
[frígin/fríkin]

fuckingの婉曲表現

由来と使い方
Ｆワードの最新言い換えバージョン。会話表現だが主流メディアでも使われている。「ものすごく」と形容詞を強調する文脈では、こうした婉曲語が普通に許容されるようになってきた。ユーモアまじりに使われることも多い。

使用例
I don't care how friggin broke you are, I just can't lend you any money, you pathetic leech!

おまえがどれだけひどく金に困ってようと知るもんか、おまえに貸す金なんてないんだよ、みじめな寄生虫め!

349 ☐☐☐
FTFY
[éftí:éfwái]

おまえのために直してやったぞ
= fixed that for you

由来と使い方
SNSで他人の意見、文法の誤りや誤字脱字などをからかうために皮肉を込めてよく使われる。ジョークではあるが、礼を失していて、攻撃的であるように見える。

使用例
I've corrected all the misspellings and grammatical mistakes in your Facebook post – FTFY!

君のフェイスブックの投稿にあったスペルミスと文法の間違いを全部直しておいたよ——君のためにやってあげたのさ!

350 ☐☐☐

FU money

[éfjú: mʌ́ni]

FUマネー、やりたくない仕事を断る金銭的余裕

由来と使い方

FU は fuck you を短縮したもの。ハンフリー・ボガートがまだ売れない俳優だった若い頃、常に引き出しに 100 ドル紙幣を入れておいて fuck-you money と呼んでいた逸話に基づく。つまらない役を Fuck you. と言って断るためで、最近ではこの表現が省略形となってまた使われるようになった。

使用例

Marian said her main goal in what she jokingly called her "career" was to make enough "**FU money**" to be independent and not do work she didn't like with people she hated.

マリアンは冗談めかして「キャリア」と呼ぶ自分の仕事の主な目標は、十分な FU マネーをためて自立し、嫌いな人間を相手に好きでもない仕事をしなくて済むことだと言った。

---

351 ☐☐☐

gak

[gǽk]

コカイン

由来と使い方

イギリス発祥のスラングで、近年他の英語圏に広まってきた。語源は不明だが、粉末のドラッグを吸い込む擬音語のようだ。動詞としても使われるが、その際は He was totally gakked. (彼は完全にコカイン漬けだった) のように分詞で使うことが多い。

使用例

Raymond snorted two big lines of **gak** and felt an immediate, powerful high and a numbness in his teeth and nose.

レイモンドはたっぷりふた筋のコカインを吸い込むと、すぐに強烈な高揚感と歯と鼻のまひする感覚を覚えた。

352 □□□
get one's head around
[gét wʌ́nz héd əráund]

理解する

由来と使い方　head（考え、概念）を around（取り囲んで、包み込んで）することから「理解する」「十分把握する」という意味になった。主にイギリスで使われているが、世界中の英語メディアでも見られる。

使用例
A: How's the new calculus course?
B: I'm finding it hard to get my head around it.

A: 新しい微積分学コースはどう？
B: 理解できそうにないって感じているところ。

353 □□□
Globish
[glóubiʃ]

グロービッシュ、国際共通語としての英語

由来と使い方　globe（地球）と English の合成語。共通の世界言語として着実に英語使用が増え続ける中で、英語を母語としない人たちのために、フランスのジャン＝ポール・ネリエールが提唱した、語彙数を制限し文法や発音を平易にした英語。

使用例
The people representing the Indonesian company spoke the simple, grammatically correct English that's often called Globish.

インドネシアの会社を代表する人たちは、グロービッシュとも呼ばれる、単純で文法的に正しい英語を話した。

354 □□□
going/moving forward
[góuiŋ/múːviŋ fɔ́ːrwərd]

これから、今後、進むにつれ

由来と使い方

「これから（未来へ）進んでいくと」から from now on（今後）と同じ意味で使われる決まり文句の一つ。ただし、今後のことであるのは言わずもがなである文に、この表現を不必要に加える話者や書き手が多いとして批判されがちでもある。

使用例

"This could make the case for more states to adopt voting by mail or no-excuse absentee voting **going forward**." (Vox)

これにより、今後、郵便投票あるいは理由不問の不在投票を取り入れる州が増えていくだろう。

355 □□□
Hail Mary
[héil méəri]

最後に祈るような気持ちで取る手段

由来と使い方

ラテン語で Ave Maria、つまり聖母マリアへの祈りのこと。もともとはアメリカンフットボールで、ゲーム終了間際に得点を狙ってイチかバチか投げ込むロングパスを Hail Mary (pass) と呼んでいた。今では様々な文脈でより広範に使われている。

使用例

The boutique slashed its prices in a **Hail Mary** attempt to avoid bankruptcy.

そのブティックは、倒産を回避しようと、祈るような気持ちで大幅値引きを断行した。

356 ☐☐☐

harms
[háːrmz]

（人によって加えられた）傷、痛み

由来と使い方 | 不可算名詞として使われてきた harm（危害、悪意）を可算名詞として使用し始めた例。harms は虐待や暴力の被害者たちの「加害者によって与えられた痛み」を強調するために、特定の社会・政治的な文脈で使われることが多い。

使用例 | "The deep **harms** done to Indigenous peoples during colonial times remain and are often exacerbated by the systemic nature in which Canada continues to reflect its colonial foundation." (Toronto Globe and Mail)
植民地時代に先住民に与えられた深い傷は依然として存在し、植民地時代の基盤を反映し続けるカナダの全体的本質によって悪化さえしている。

357 ☐☐☐

hella
[hélə]

とても、ものすごく、たくさんの

由来と使い方 | I've got a hell of a cold.（とんでもなくひどい風邪をひいた）などと言うときに使う hell of a（ひどい、ものすごい）というフレーズから派生したと思われるスラング。

使用例 | I'm excited about going on the river-rafting trip, but to be honest, I'm also **hella** scared.
急流下りの旅に行くのでワクワクしてるんだけど、本音を言うと超ビビってもいるんだ。

358 ☐☐☐
high-maintenance friendship/relationship
[háiméintənəns fréndʃip/riléiʃənʃip]

手がかかる友情／付き合い

由来と使い方
維持するのに多大な時間とエネルギーを要する友情や付き合いのこと。人付き合いを機械的、計算的に表現した、かなり冷たく批判的なフレーズである。人間関係をこのようには考えたくないが、客観的に見たいときには役に立つ表現。

使用例
Megan says she simply hadn't enough energy to be pals with Jessica anymore because she has too many **high-maintenance friendships** already.

メーガンは、手のかかる友人関係をすでに山ほど抱えていたので、ジェシカと友達を続ける余力がとてもなかったのだと言う。

---

359 ☐☐☐
honey do list
[hʌ́ni du líst]

配偶者や恋人にやってもらいたい雑用リスト

由来と使い方
honeyは配偶者や恋人に愛情を込めて呼びかけるのによく使われる言葉。これに対してdoは命令調なので、この言い方には少し皮肉っぽさがある。メロンの種類であるhoneydew（ハネデュー）に音が似ているので覚えやすい。

使用例
When Andy finally got up after his wife had gone to work, he saw the "**honey do list**" of household chores she'd taped to the fridge door.

妻が仕事に出掛けた後にようやく起きたアンディーは、冷蔵庫のドアに「ハニーやっといてねリスト」が貼り付けてあるのを見た。

360 ☐☐☐

hug it out

[hʌ́g it áut]

ハグで仲直りする

由来と使い方 work it out（問題を解決する）というよく使われる表現をもじった、「仲たがいをハグで解決する」という表現。問題解決としては感情面に重点が置かれている。

使用例 Deirdre and Chloe realized the best way to end their stupid argument was to forget about their silly pride and just **hug it out**.

デアドラとクロエは、自分たちのばかげた言い合いを終わらせるための一番いい方法は、つまらないプライドを捨ててただハグし合うだけだと分かった。

361 ☐☐☐

huggle

[hʌ́gl]

ハグル、hug（ハグ）と cuddle（抱っこ）の中間

由来と使い方 あいさつ代わりの短い抱擁を意味する hug と、恋人や家族間で愛情表現として抱き締め合う cuddle を合成した語。単純で、すぐに理解できる2つの単語を組み合わせて、かわいらしく、くだけた子供っぽい響きになっている。

使用例 When John wanted to make up with Mary after they'd had a fight, he'd sit on the sofa, spread his arms, and say to her, "Come over here and let's **huggle**."

ジョンはメアリーとケンカをした後、仲直りしたくなると、いつもソファに座って腕を広げて「ここにおいで、ハグルしよう」と言ったものだ。

362 □□□

I got this

[ái gát ðís]

私が対応する、私に
任せて

由来と使い方 どこでどのようにできたのかは定かにできない。しかし、ポップシンガーのジェニファー・ハドソンが 2011 年 に出したヒット曲 "I Got This" で既に使われており、一般的になっていたことが分かる。

使用例 **Hey, don't worry – I got this. Everything's under control. Just go back to what you were doing.**

ほら、心配しないで――この件は私に任せて。何も問題はないから。やりかけのことに戻ってちょうだい。

---

363 □□□

infodemic

[ìnfədémik]

インフォデミック

不確かな情報が伝染病のように広がり、混乱を招いている状況

由来と使い方 メリアム=ウェブスター辞典によると、2003 年、ワシントンポスト紙で初めて使われた造語。これが、新型コロナウィルスのパンデミックの際、無数の（誤った）情報があふれる様子を表現するのに使われた。情報過多は混乱を招き、危険でさえあるというニュアンスを含む。

使用例 **"As people around the globe struggle with the impacts of the COVID-19 pandemic, we are also coping with a parallel infodemic."** (TechStream at brookings.edu)

世界中の人々が COVID-19 大流行の衝撃に立ち向かう中、私たちは同時にインフォデミックにも対処しているのだ。

08 社会・日常会話

364 ☐☐☐
intersectionality
[ìntərsekʃənǽrəti]

交差性

由来と使い方
人種や性差など、差別を形作る要因が、混ざったり重なったりして交差することを指して、1989年に社会学用語として造語された。Me too運動やBLMのような抗議運動の高まりに伴い、この言葉がより広く使われるようになった。

使用例
The lecturer said that economically disadvantaged women of color are a prime example of intersectionality.

経済的に不利益を受けている黒人の女性たちは（差別の）交差性の何よりの例だと講師は述べた。

365 ☐☐☐
issue
[íʃuː]

問題、障害

由来と使い方
いつ、どのようにしてproblem（問題）の代わりにissueを使うようになったのかは不明。issueを使った方が辛辣さや手厳しい印象が和らぐように感じられるため、広く使われるようになったのだろう。

使用例
Hey, I don't have a drug problem – I have a chemical dependency issue.

おいおい、俺が抱えているのはドラッグプロブレムなんかじゃない——薬物依存障害ってやつだよ。

366 ☐☐☐
jones
[dʒóunz]

欲しくてたまらない

> 由来と使い方
>
> 起源ははっきりしないが、ヘロインに関連して、I'm jonesing for a fix.（フィクス［1回分のヘロイン］が欲しい）のように使われていた。今では一般的に何かがとても欲しいことを表して使われており、もはやドラッグ絡みのいかがわしさはなくなっている。

> 使用例
>
> I'm so thirsty. I'm jonesing for a beer.
> 喉が渇いてカラカラ。ビールが飲みたくてたまらない。

367 ☐☐☐
Juneteenth
[dʒùːntíːnθ]

ジューンティーンス、6月19日

> 由来と使い方
>
> アフリカ系アメリカ人が奴隷制から解放されたことを祝う日で、June と nineteenth を組み合わせた語。1863 年に奴隷解放宣言が出された後、1865 年 6 月 19 日に最後のテキサス州で奴隷解放が宣言された。2021 年から国の祝日となった。

> 使用例
>
> The recent **Juneteenth** celebrations have taken on a new relevance because of the Black Lives Matter movement.
> 最近のジューンティーンスの祝いは BLM 運動によって新しい段階を迎えた。

368 ☐☐☐
kettle
[kétl]

包囲する、取り囲んで追い込む

由来と使い方　デモ集団などを警察隊と警察車両で包囲して、狭い場所に追い込んでいく行動を言う。語源ははっきりしていないが、ドイツ語の軍隊用語である einkessein（包囲する）に由来すると言われている。主に英国でこのような使い方をする。

使用例　The police successfully **kettled** the demonstrators in the dead-end street and then beat up some and arrested them.

警察はデモ参加者たちを通りの袋小路へとうまく追い込んで、何人かを殴って逮捕した。

369 ☐☐☐
kumbaya moment
[kùmbɑjá móumənt]

（うわべだけの）連帯の提案、仲よしごっこ

由来と使い方　「クンバヤ」とは古いアメリカのフォークソングのタイトル。come by hereの意味で、神への呼び掛けと言われる。この曲はキャンプファイヤーの際の定番ソングで、不仲な人たちの間を取り持とうとする人の無邪気な善意を指して、感傷的で現実が分かっていないものとして小ばかにするニュアンスで使うことが多い。

使用例　"While saying the meeting with Putin was not a '**kumbaya moment**,' Biden described the summit as 'good' and 'positive' with 'no strident action taken.'" (Sydney Morning Herald)

プーチンとの会合は「仲よくしようタイム」ではなかったと言いつつ、バイデンは首脳会談を「ギスギスした行動は取られなかった」ので「よかった」そして「前向きだった」と表現した。

370 ☐☐☐
lasterday
[lǽstərdèi]

過去のある時

<table>
<tr><td>由来と使い方</td><td>last（すぐ前の）と yesterday（昨日）が合わさった語で、yesterdayのかわいいバリエーション。</td></tr>
</table>

<table>
<tr><td>使用例</td><td>I can't really remember the last time I went to a movie theater. It was sometime lasterday.
最後に映画館に行ったときのことが本当に思い出せない。それはいつだったかラスタデイのことだわ。</td></tr>
</table>

371 ☐☐☐
latinx
[lətíːneks]

ラティネックス、ラテンアメリカ系住民

<table>
<tr><td>由来と使い方</td><td>主にアメリカに住む、ラテンアメリカのバックグラウンドを持つ人を指す。ジェンダー中立の新語として、latino（男性）や latina（女性）の代わりに用いる。主流メディアでかなり一般的になってきているが、ヒスパニックコミュニティではそれほど広く使われてはいないようだ。</td></tr>
</table>

<table>
<tr><td>使用例</td><td>When people ask Esmeralda what her ethnic background is, she says "latinx," even though many people are still unfamiliar with the term.
エスメラルダに民族バックグランドは何かと尋ねると、彼女はラティネックスって答えるけど、多くの人にその言葉はまだ浸透していない。</td></tr>
</table>

08 社会・日常会話

372 ☐☐☐

lawnmower beer

[lɔ́:nmòuər bíər]

アルコール度数の低
いライト・ビール

由来と使い方｜アルコール度数が低いので、体が重くなったり酔っ払ったりすることなく、芝刈り等の雑用をしながらでも飲めるようなビールについたニックネーム。

使用例｜When I saw Peter drinking a can of beer while he was cutting the grass, I told him you shouldn't operate machinery while drinking alcohol. But he said it was OK because he was drinking low-alcohol "**lawnmower beer.**"

ピーターが芝生を刈りながら缶ビールを飲んでるのを見たから、アルコールを飲みながら機械を操作するのは良くないって注意したんだ。でも彼は、飲んでるのは低アルコールの「芝刈りビール」だから大丈夫なんて言うんだ。

---

373 ☐☐☐

lewk

[lú:k]

ルーク、その人なら
ではの特徴的外見、
独特のスタイル

由来と使い方｜独特の肉体的特徴を指すこともあれば、趣向を凝らした特徴的な服装やスタイルを指すこともある。lewk は look からの派生で、正確なつづりから外れることでおしゃれにかっこよく見せようとしている。

使用例｜Did you see Kanye West's **lewk** in his new video?

カニエ・ウェストの新しいビデオのルーク見た？

374 □□□

literally

[lítərəli]

本当に、とても、実際

由来と使い方 | その単語が持つ本来の意味ではなく、比喩的な意味で使われている。これは、最近の英語のトレンドの一つ。本来「文字通り」という意味のこの単語にとって、「文字通りでない」この用法は、やや皮肉。

使用例 | When Jim told me he didn't want to go out with me anymore, I literally died.

ジムからもう付き合いたくないって言われた時には、まじで死んだわね。

---

375 □□□

magical thinking

[mǽdʒikəl θíŋkiŋ]

魔術的思考、呪術思考

由来と使い方 | 人類学で使われていた用語で、祈りや儀式、生け贄、タブーの順守などと、恩恵や報いとの間に因果関係があるとする考え。理性的に見るとつながりが見られないことにも因果関係をこじつける「誤った考え方」として、政治批判などでも用いられている。

使用例 | An example of **magical thinking** is Trump's assertion on Feb. 27, 2020, that the coronavirus "is going to disappear one day — like a miracle," despite all the scientific evidence to the contrary.

魔術的思考の一例は 2020 年 2 月 27 日のトランプの主張で、あらゆる科学的反証にもかかわらず、コロナウイルスが「奇跡のようにある日消えてなくなるはずだ」と述べたものだ。

376 □□□
man up
[mǽn ʌ́p]

毅然とした態度を取る、立ち向かう

由来と使い方 | これまでも「人員を配置につかせる」という意味で使われていたが、現在では「男らしく立ち向かう、きちんと責任を取る」という意味を持つようになっている。性差別的表現とも言えるが、この新しい意味合いはアメリカンフットボールで「マンツーマンでディフェンスをする」ことに由来するらしい。

使用例 | Why don't you man up and start doing the right thing, instead of wimping out like a coward?

臆病者みたいにおじけづいてないで、男らしく立ち向かって正しいことを始めなさいよ。

377 □□□
Marley
[má:rli:]

マーレイする、クリスマスの季節に元カノや元彼に連絡を取る

由来と使い方 | 小説『クリスマス・キャロル』に出てくる、主人公の亡くなった昔の友人の名が基になっている。幽霊になった友人マーレイがクリスマスイブに主人公の元を訪れて物語が始まる。ここから、昔親交のあった人と連絡を取る、過去を見直す、という意味になった。

使用例 | I will avoid the temptation of Marleying this Christmas by hiding my old address book and not drinking so much eggnog.

今年のクリスマスは、マーレイしたくなるのを避けるために、古いアドレス帳を隠してエッグノックをあまり飲まないようにしよう。

378 □□□

meh

[me]

まあね、別に

由来と使い方 興味ややる気のないことを示す感嘆詞。語源ははっきりしないが、イディッシュ語の "feh" にその語源があるようだ。テレビアニメ「シンプソンズ」で使われたことで一般化した。

使用例
A: What did you think of the food at that restaurant?
B: Meh. It was nothing special, if you ask me.

A：あのレストランの料理はどうだった？
B：まあねぇ。可もなく不可もなくってとこかな。

379 □□□

microaggression

[màikrouəgréʃən]

マイクロアグレッション、自覚のない差別的言動

由来と使い方 ハーバード大学の教授がつくった言葉で、マイノリティーに対する無意識的な偏見に基づく、軽い、意図的ではない差別的言動。非黒人アメリカ人によるアフリカ系アメリカ人に対する侮辱や不快な態度を頻繁に目にしたことから生まれたという。

使用例
"It can be harder to challenge **microaggressions**, because we are unwilling to face up to the fact that we are acting in subtly racist, sexist or homophobic ways." (London Evening Standard)

マイクロアグレッションを正すのはさらに難しいかもしれない。自分が微妙に人種差別主義的、性差別主義的あるいは同性愛恐怖症的な振舞いをしているという事実とは、向き合いたくないからだ。

08 社会・日常会話

209

380 ☐☐☐
mission creep
[míʃən kríːp]

ミッション・クリープ、
終わりの見えない展
開

由来と使い方

元は軍隊用語で、作戦が当初の目的を超えて拡大し、ゴールが見えな
いままずるずるといつまでも続くさまを言う。creep(はう、のろのろ進む、
ぞっとする) は一般的に否定的な使われ方をする。この表現も批判的な
意味合いが込められている。

使用例

**"Mission creep is when your nonprofit organization
expands its mission beyond the original goals that were set."**
(forpurposelaw.com)

ミッション・クリープとは、例えばあなたの非営利団体が、当初の設定目標を超え
てミッションを広げることを言う。

381 ☐☐☐
MSM
[émésém]

主流メディア
= mainstream media

由来と使い方

アメリカでティーパーティーのような右派のポピュリスト運動やドナル
ド・トランプ支持が急成長したことで、どことなく批判的な含みで使わ
れることの増えた言葉。彼らは、主流メディアはバイアスが掛かってい
て、現実の客観的姿を提示していないとして敵視していた。

使用例

Dwayne says that nobody in the trailer park where he lives
trusts the MSM because they say it's run by a bunch of elite
snobs who don't understand the "real" America.

ドウェインは彼の住むトレイラーパークの住民たちの誰一人主流メディアを信用して
いないと言う。「現実の」アメリカを理解してもいないお高くとまったエリート集団が
運営しているからだそうだ。

382 ☐☐☐

my bad

[mái bǽd]

私のミスです、ごめ
んなさい

由来と使い方 | この新しく一般化した表現はバスケットボール選手の間で使われ始め
たらしい。プレイ中にまずいパスを出したりミスを犯したりしたときに、
仲間に短く謝る表現として使われている。

使用例 | **Oh, I'm so sorry. I've spilled red wine on your nice white carpet.
My bad!**

ああ、本当にごめんなさい。お宅のすてきな白いカーペットに赤ワインをこぼしてし
まって。私が悪いんです!

383 ☐☐☐

no worries

[nóu wə́:riz]

心配ない、問題ない、
どういたしまして

由来と使い方 | 感謝に対する返事や会話のつなぎとして、ここ数年若い北米人に人気に
なった表現。すでに一般的表現として定着しているオーストラリアから
持ち込まれたのかもしれない。

使用例 | **When I thanked the waiter and the maitre d' for their excellent
service, they just smiled and said, "No worries."**

素晴らしいサービスに対してウエイターと給仕頭に感謝をしたら、ただほほえんで「い
いんですよ」とだけ返してきた。

08
社会・日常会話

211

384 □□□

n-word ⚠️

[énwə̀ːrd]

nワード、niggerの
婉曲表現

由来と使い方

Niggerは、アフリカに民族的ルーツを持つ人々を指す、ひどい人種差別的言葉である。スペイン語やポルトガル語で「黒い」という意味のnegroの変形。niggerほどではないがnegroも英語の文脈ではやはり不快感を催すと考えられていて、少なくとも非黒人が使うのは完全にタブーだ。

使用例

Larry was making fun of racists when he used the n-word while telling a joke at the party, but some of the people who heard him were very, very shocked.

ラリーはパーティーでジョークを言うのにnワードを使って人種差別主義者たちを笑い者にしていたが、聞いていた人の一部は大変なショックを受けていた。

---

385 □□□

on point

[ɔ́n pɔ́int]

ぴったりの、完璧な、バッチリ決まった、イケてる

由来と使い方

1880年代に警察官や兵士が持ち場（＝適切な場所）についていることを"on point"と言ったことに遡る。また、バレエでつま先立ちでバランスをとった状態を表すことから、「見栄えのいい」ことも意味する。

使用例

What she was saying was on point.

彼女の言ってたことはまさに的を射ていた。

386 □□□

own
[óun]

素晴らしい、優れている、〜をコテンパンにする

由来と使い方　古くからある単語がまったく新しい意味を得た例。この使い方は 1990 年代にハッカーたちが他人のコンピューターの管理制御を「自分のものにする」ことを表現したのが始まりと言われている。そこから、ゲームなどを「ものにする、（相手に恥をかかせるほど）圧勝する」「優れる」などの意味で一般的に使われるようになった。

使用例　That new video game totally owns!
その新しいビデオゲームはまったくすごいよ！

Ha! You really got owned that time, you total loser!
はん！ おまえ、あの時はすっかりコテンパンにされてただろ、どっから見ても負け犬！

---

387 □□□

peeps
[pí:ps]

みんな、友達、仲間

由来と使い方　people からの派生で、「みんな」と呼び掛ける際など、SNS 上でよく使われる言葉。友人同士のリラックスした親しみやすさを醸し出すために、わざと子どもっぽい言葉遣いをしている。リアルな場ではそれほど使われていない。

使用例　OK, listen up, peeps – I'd like to get some input from you all about my idea for a community food bank.
オーケー、聞いてよ、みんな——コミュニテイーフードバンクに関しての私のアイデアについて、みんなからの意見を聞かせてもらいたいの。

388 ☐☐☐
phone tag
[fóun tǽg]

互いに留守番電話に
メッセージを残し合う
こと

由来と使い方

tag（鬼ごっこ）では、追いかける側の鬼が相手にタッチすると、その人が今度は鬼になる。同じように、こちらが電話して向こうの留守番電話にメッセージを残すと、攻守交代で、次は向こうがこちらに電話をかける番になる。

使用例

A: Have you been able to talk to Rodney about the date for the company picnic?
B: No, we haven't been able to catch each other on the phone. We've been playing **phone tag** all week.

A：会社のピクニックの日程についてロドニーと相談できた？
B：いいえ、お互い電話で捕まらなくて。今週ずっと留守番電話の残し合いになってます。

---

389 ☐☐☐
POC
[píːóusíː]

有色人種
= person of color

由来と使い方

非白人を指す、非差別的な表現。特に政治的左派がよく使っており、彼らにとってPOCは支配的白人文化に抑圧されてきたことを示す名誉の証しのようなものである。

使用例

Gillian says it's impossible for a **POC** to be racist, because they are the historical victims of racist white society.

POCが人種差別主義者になるなんてことはあり得ない、彼らは歴史的に差別的白人社会の犠牲者になってきたのだから、とジリアンは言う。

390 ☐☐☐

precap
[prìːkǽp]

ちら見せ、今後起こることの概要説明

由来と使い方
recapitulate（要点を繰り返す）や recapitulation（要約）を省略した recap をもじったもの。p を加えることで pre-（前、あらかじめ）の意味が加わった。

使用例
Before we watched the movie, Josh gave us a **precap** of the plot, including the ending, before we could stop him. It was really annoying.

みんなで映画を観る前に、ジョシュがあらすじの予告を始め、私たちが止めるのも間に合わずオチまで話してしまった。本当に腹が立つ。

---

391 ☐☐☐

process
[práses]

情報処理をする、徐々に理解する

由来と使い方
「加工する」「処理する」という意味の動詞が、近年になって「プロセスを経て理解する、徐々に事態をのみ込む」という新しい意味で、一般のくだけた会話の中でも使われるようになってきた。

使用例
When George told Daphne what had happened to her friends in the accident, it took her a while to **process** all the information, because she was so shocked.

ジョージがダフネに事故で彼女の友人たちがどうなったのかを話したが、彼女にはショックが強過ぎて言われたことを理解するのに時間がかかった。

392 ☐☐☐

rebooting

[ribúːtiŋ]

再スタート

由来と使い方

新しい、想像力に富んだ、または刺激的な方法で再スタートすること。reset や restart も同じ意味で使われる。コンピューター用語で「再起動」を意味する reboot を使った比喩表現。

使用例

Rebooting or restarting your life is about improving your current situation. It's about looking at your life and deciding what needs to change, and then making that change happen. (aconsciousrethink.com)

人生の再スタートや再出発とは、現在の状況を改善することだ。人生を見つめ直し、変化のためには何が必要かを見極めてから、その変化を引き起こすのだ。

393 ☐☐☐

regifting

[rìːgíftiŋ]

贈り物を使い回すこと

由来と使い方

gift を動詞として使うのが一般的になったのも regift という語が生まれたのも比較的最近のことだが、regifting で言い表される行為はとても古くから存在する。古くからの行為に新語を当てただけだ。regifting の秘訣は受け取った人にそれがリサイクルされた品だとは気づかせないことだ。

使用例

Agnes was deeply hurt when she found out Rodney was regifting the toaster she gave him for Christmas.

アグネスはロドニーがクリスマスにくれたトースターがプレゼントの使い回しだと知って深く傷ついた。

394 ☐☐☐
safe space
[séif spéis]

安全な居場所

由来と使い方
社会的に疎外された人々が、偏見や批判などに脅かされず安心して集える場所を言う。女性解放運動と、女性たちが家父長制から自由になって集い連帯意識を作り出せる「場」を持ちたいという願望から生じた考え。のちにこの考えは、性的マイノリティーや社会的に無視されている集団にも広がった。

使用例
"A 'safe space' is a place where LGBTQ people don't have to think twice about whether they can show affection for their partners – and whether they can just be themselves." (Vox)

「安全な場」とは LGBTQ の人たちがためらいなくパートナーへの愛情を示せる場所であり、自分らしくあることに疑問を抱く必要のない場所だ。

---

395 ☐☐☐
salty
[sɔ́:lti]

怒った、気分を害した

由来と使い方
salty の一般的な定義に「露骨な、辛辣な」があり、salty language（きつい言い方）のような使い方をする。この新しい意味合いもそこから発展したと思われる。bitter の同意語とも言えるが bitter ほどの不快感はない。

使用例
Joshua wasn't allowed to join that exclusive men's club because of the garish tattoos on his arms and his nose ring, and that made him feel very salty.

ジョシュアは両腕の派手なタトゥーと鼻ピアスを理由に男性専用会員制クラブに入会を断られ、そのせいでひどく気分を害した。

08 社会・日常会話

217

396 ☐☐☐
shook
[ʃúk]

ショックを受けた

由来と使い方｜ショックを受けたり、怖がったり、突然の出来事や状況に驚いたりした様子を表す。1990年代にラップミュージックで使われるようになったのが始まり。最近再びよく使われるようになった。

使用例｜**I was really shook when I heard that Cathy and Bob had gotten a divorce.**
キャシーとボブが離婚したって聞いた時、本当に驚いたのなんのって。

397 ☐☐☐
shut up
[ʃʌ́t ʌ́p]

ウソだろ、マジか

由来と使い方｜「黙れ」という意味で使うのはもう古い。近年は、相手の言ったことに驚きを表して、「またそんなこと言って」「本当かよ」くらいの親しげで冗談めかした感じで使われている。

使用例｜**A: I got two holes-in-one when I played golf yesterday.**
B: Shut up! That's utterly incredible – let's celebrate!
A：昨日ゴルフでホールインワンを2回やったんだぜ。
B：ほんとかよ！ そりゃマジですごい──お祝いしようぜ！

398 □□□
skin in the game
[skín in ðə géim]

成果を得るための（私財の）投資、目的達成のために負うリスク

由来と使い方 | この場合の skin（皮膚）は「人」そのものを指す（一部分で全体を暗に指す「提喩」という修辞法の一つ）。game は資金やリスクを投じて行う活動のこと。

使用例 | Robert follows the stock market closely, because he's got a lot of **skin in the** investment **game**.

ロバートは投資ゲームにかなりの自己資金を投資しているので、株式市場の動きを注視している。

---

399 □□□
snailpaper
[snéilpèipər]

スネイルペーパー、紙に印刷して配達される新聞

由来と使い方 | 即座に相手に届く電子メールに対して、実際に配達される郵便のことを snail mail と呼ぶことから派生した語。紙の新聞は TV やラジオ、オンラインのニュースより届くのが遅い。at a snail's pace（カタツムリのスピードで、のろのろと）という比喩表現とも関連する。

使用例 | Uncle John prefers to get his news by reading the **snailpaper** in the morning because he says newspapers provide more in-depth coverage.

ジョンおじさんは、新聞の方が深い報道内容を提供してくれるので、朝配達される紙の新聞を読むのが好きだそうだ。

400 ☐☐☐
spill the tea
[spíl ðə tíː]

（誰かについて）うわさ話をする

由来と使い方　このかなり新しい表現は、昔からある spill the beans（うっかり秘密をもらす）の変形だ。うっかりこぼす beans と違って、tea の方には進んでゴシップを広めるような含みがある。

使用例　Cathy has **spilled the tea** about the new guy in the office – he's gay, even though he's always flirting with his female co-workers.
キャシーはオフィスで新入りについてのゴシップを披露した ——女性同僚にいつも軽口をたたいているけど、実は彼、ゲイなのよ。

401 ☐☐☐
stuffocation
[stʌ̀foukéiʃən]

物が多すぎて息が詰まりそうな状態

由来と使い方　stuff（物）と suffocation（窒息）の合成語で、あふれかえったモノに溺れそうになることや物欲に振り回された生活を言う。「トレンド予報人」として知られるジェームズ・ウォールマンが 2013 年に著書のタイトルとして使ったのが始まり。彼は近藤まりえの登場を予想していたようだ。

使用例　Ethel has so much junk crammed into her tiny apartment – she's suffering from a very bad case of **stuffocation**.
エセルは彼女の小さなアパートにあまりに多くのガラクタを詰め込んでいて、まさに物に押しつぶされかけのひどい状況だ。

402 ☐☐☐
that's the tea
[ðǽts ðə tíː]

それが真実だ

由来と使い方 | teaは truthの最初の文字の「T」のこと。ドラァグクイーンのように他方のジェンダーの服装を着る異性装の文化に起源を持つと言われている。このキャッチーなフレーズは、オンラインでのゴシップやドラマの会話で使われる。

使用例 | **Beth wears a wig – and that's the tea!**
ベスはウィッグを着けてるのよ——ほんとの話!

403 ☐☐☐
thought leader
[θɔ́ːt líːdər]

思想的指導者

由来と使い方 | 何かあいまいな言葉である。社会の知的先駆者で、新しい考えを一般市民に紹介する人と言えるだろう。また自分たちの目的のために世論を操作する人であるとも言える。

使用例 | **"Attaining the status of 'thought leader' is an elusive goal that many business leaders and executives strive for."** (Business News Daily)
「思想的指導者」の地位を得ることは、多くのビジネスリーダーや経営者たちが奮起して目指す、捉えどころのないゴールである。

404 □□□

throw shade

[θróu ʃéid]

公に侮辱する

由来と使い方 | throw (投げる) は攻撃的な表現で、一定の軽蔑の意味も含む。shadeは「光を遮るもの、影を作るもの」で、誰かを影の中へ投げ込むというイメージから生まれた表現。

使用例 | Elvira was really mad at you last night — she **threw** some serious **shade** at you. Didn't you notice?

エルバイラは昨夜、本当に君に腹を立てていたよ。それで君のことを本気で悪く言っていた。気づかなかった?

405 □□□

TMI

[tí:émái]

情報過多
= too much information

由来と使い方 | 会話の中で冗談混じりに使われる表現。例えば、聞きたくもないし、知る必要もないような私生活を詳細に語る人にくぎを刺すときに使う。

使用例 | **A:** I was conscious during the operation, and it was really interesting to see the surgeon make the incision and pull out ...

B: Hey, stop it, Herb! TMI!

A: 手術の間意識があってね、興味津々で見てたんだよ、医者が切開して取り出すのを……。
B: もうやめて、ハーブ! 要らない情報だから。

406 □□□

toolkit
[túːlkìt]

（人の）資力、能力、技能、人材

由来と使い方
職人の道具箱やその中身を指す言葉から転じて、人が持つ能力や技能一式を指す。また、「一通りの能力を備えた人材」を指して使うこともある。

- -

使用例
"What kind of **toolkit** for control and suppression of disease do we want?" (Washington Post)

病気の制御や抑制のために、どのような能力が求められるのか。

---

407 □□□

trigger warning
[trígər wɔ́ːrniŋ]

事前警告、トラウマ注意

由来と使い方
映像や画像、ストーリーなどの刺激が否定的な感情反応を引き起こすかもしれない、と警告しておくこと。trigger（引き金、きっかけ）は、トラウマ体験を持つ人の記憶を呼び起こして悪影響を与えかねない事柄を指す。ベトナム戦争後に広く知られるようになった PTSD（心的外傷後ストレス障害）の概念に起因する。

- -

使用例
"**Trigger Warning**: This article will discuss a specific person's experiences with PTSD as a result of sexual assault. This may be **triggering** to readers with similar experiences." ("Trigger Warnings and Social Media," by Samra Ward, M.A.)

事前警告：この記事は性的暴行を受けて PTSD を生じたある人の経験について論じています。同様な経験を持つ読者には反応を誘発する恐れがあります。

408 ☐☐☐
virtue signaling
[və́ːrtʃuː sígnəliŋ]

美徳シグナリング、
いい人アピール

由来と使い方

virtue（美徳）と signaling（伝えること）の組み合わせが偽善を感じさ
せる。ことわざにもあるが Virtue is its own reward.（美徳はそれ自体
が報い）なので、良い行いを誇示する必要はないからだ。同様の行動を
表す humblebrag（謙虚を装った自慢）という言葉もある。

使用例

I am so sick of Howard's constant **virtue signaling**. This
morning he told everybody in the office about how he helped
an old lady cross the street and how he wouldn't accept a
reward from a man whose wallet he'd found and turned in to
the police.

ハワードがいい人アピールし続けるのにはうんざり。今朝もオフィスのみんなに向かっ
て、おばあさんが通りを渡るのを手伝ってやっただの、見つけた財布を交番に届け
たけど持ち主からのお礼は断っただのと話してた。

409 ☐☐☐
vishing
[víʃiŋ]

オレオレ詐欺、電話
詐欺

由来と使い方

voice と phishing（フィッシング詐欺）の合成語。電話を通じて銀行口
座情報を聞き出したり送金をさせたりする詐欺。

使用例

My poor granny was fooled by a **vishing** scheme and lost all
her savings.

かわいそうに、うちのおばあちゃんは電話詐欺の手口に引っかかって、貯金を全部
取られてしまった。

410 ☐☐☐
-washing
[wáʃiŋ]

〜であるように見せか
けること

由来と使い方

whitewash という壁の塗装剤から派生した whitewashing（白く見せか
けること、大丈夫だと思わせること、[配役を]白人ばかりでそろえること）
が原形。トランプ政権時の「黒いものも白」な政治状況を反映してか使
用頻度が上がり、washing の前を変えたバリエーションも見られるよう
になっている。

使用例

Joe explained the concept of **sharewashing**, where a business
tries to create the false impression that it is based on the
principle of sharing, instead of being a standard profit-making
enterprise.

ジョーはシェアウォッシングの概念を、企業が通常の利益追求ではなく分かち合い
の原埋にのっとっているかのような誤った印象を与えようとすることだ、と説明した。

411 ☐☐☐
whatever
[hwʌtévər]

別に、どうでもいいし

由来と使い方

無関心や拒否などを表し間投詞的に使う。この使い方がどのように始
まったのかは不明。しかし、1960 年代のヒッピーカルチャーが起源で
はないかと言われている。

使用例

A: I'm sorry, Joe, but Alice is my girlfriend now. It's over
between you and her.
B: Whatever, man. It's all good.

A：悪いんだけどさ、ジョー、アリスは今は俺の彼女なんだ。お前とあいつの仲は終わっ
てんだ。
B：それがどうしたよ、なあ。気にすんな。

08 社会・日常会話

412 ☐☐☐

wheelhouse

[hwíːlhàus]

得意分野、専門領域

由来と使い方
ある人の能力や得意分野に合ったポジションや活動を表す比喩表現。
wheelhouseは、船の舵 (steering wheel) のある「操舵室」から転じて、
物事をうまくコントロールする立場を指す。

使用例
"I need you to cover this story about the construction at our
school, even though it's not in your **wheelhouse**." (thoughtco.
com)
君の専門分野ではないことは分かっているが、わが校の建設についての記事を担当
して欲しいんだ。

---

413 ☐☐☐

zaddy

[zǽdi]

ザディー、おしゃれで
性的な魅力のある高
齢男性

由来と使い方
イディッシュ語で「祖父」を意味する zayde が基になっているようだ。
ラッパーによって使われ始め、現在一般的スラングの語彙に入っている。
MILF (188) の男性版だと言う人もいる。

使用例
Eleanor says George Clooney is a perfect example of a **zaddy**.
ジョージ・クルーニーがザディーの完璧な例だとエレノアは言う。

科学・技術

AIや mRNA など、人類の未来を占う最新科学技術に
関連する語彙が登場します。すでに実用化が進んでい
るものや、これから徐々に普及が期待されるものまで、
重要なキーワードを取り上げています。

414 ☐☐☐

agritech
[ǽgritèk]

アグリテック、最新技術を活用した農業
= agricultural technology

由来と使い方
第四次産業革命(218)が進むにつれ、水耕法や海水農業、垂直・都市農法、ドローンテクノロジーなどのおかげで農業にも変化が起こった。ただ、アグリテックが農業部門における雇用機会の喪失を引き起こす可能性もあると懸念されている。

使用例
"With land reserved for agriculture, strong industrial sectors, access to ports and highways, and a growing tech sector, BC is uniquely positioned to become a leader in the agriculture technology (agritech) sector that will shape our global food systems in the coming decades." (B.C. Chamber of Commerce)

農業のための土地確保、強力な工場部門、港湾や高速道路へのアクセス、成長中の技術部門を擁するブリティッシュコロンビア州は、今後数十年で世界的な食糧システムを形作るであろうアグリテックにおける先導者として独自の立場を取っている。

415 ☐☐☐

big data
[bíg déitə]

ビッグデータ

由来と使い方
2000年代初めのデジタル革命と共にやってきたデータ保存能力の凄まじい増加に伴い、よく耳にするようになった。Eメール、モバイル機器、アプリ、データベース、サーバー等々から収集される大量のデータのこと。ビジネスではビッグデータを業務改善や意思決定に活用している。

使用例
Tom said his company is staying ahead of the competition by using **big data** to observe and anticipate consumer trends.

トムは、自分の会社ではビッグデータを使って消費者のトレンドを観察・予測することで、他社に差をつけていると言った。

biosurveillance

[bàiousərvéiləns]

バイオサーベイランス
生物的脅威を察知するための
監視

由来と使い方

アメリカは 2001 年の 9.11 同時多発テロ攻撃を受けて、生物兵器など
に対応するためバイオサーベイランスの開発に着手したが、その後、コ
ロナ禍においてもこの語がよく聞かれるようになった。surveillance（監
視）という言葉が権威主義的で恐ろしげに聞こえるが、現在は「活発な
データ収集」の意味で使われている。

使用例

"An emerging field, known as **biosurveillance**, has involved
the expansion of the traditional public health surveillance
into detecting and predicting bio-terrorist threats and disease
outbreaks in animals and plants." (futureagenda.org)

バイオサーベイランスと呼ばれる新しい分野には、従来の公衆衛生サーベイランス
の範囲をバイオテロの脅威や動植物の病気の大発生の探知・予測にまで拡大する
ことも含まれる。

---

bot

[bát]

ボット
ユーザー入力なしで、簡単な
作業をこなす自動化された小
規模のプログラム

由来と使い方

robotの短縮形で、オンラインの世界で広く使われている。オンライン
チャットルームでは本物のユーザーを真似て使われるため、しばしば軽
蔑的な意味合いを持つ。

使用例

"It sometimes seems that automated **bots** are taking over
social media and driving human discourse. But some (real)
researchers aren't so sure." (New York Times)

時に自動ボットが SNS を引き受けて人間的な会話を進めているようにも見える。が、
一部の(本物の)研究者たちはそうはならないだろうと思っている。

09
科学・技術

418 ☐☐☐
cobot
[kóubàt]

コボット、協働ロボット

由来と使い方 | collaborative（協働の）と robotが合体した語で、人間と同じスペースで一緒に働くロボットを言う。アメリカのノースウェスタン大学で2人の研究者によって開発されたのが発端。初めは自主的に動けなかったが、今では科学技術の進歩のおかげで動けるようになった。

使用例 | At first, Ethel felt weird about working with a cobot, but lately she's become used to her cybernetic co-worker and appreciates its reliability. She's even given it a nickname: Roberta.

最初、エセルはコボットと一緒に働くのは妙な気分だったが、そのうち人工頭脳の同僚に慣れてきて、その信頼性を高く評価している。ロバータとニックネームまで付けた。

---

419 ☐☐☐
compute
[kəmpjúːt]

計算（演算）、計算（演算）能力

由来と使い方 | この用法には歴史的前例があるが、広く使われるようになったのはここ数年のことである。Amazon Web Servicesという Amazonのクラウドコンピューティング・プラットフォームのユーザーたちの間で広まったと言われる。名詞が動詞化することは多いが、動詞が名詞化した稀な例である。

使用例 | Demand for compute is rising worldwide, and governments are launching various initiatives to ensure their economies have access to enough compute power.

演算に対する需要が世界的に増しており、各政府は自国経済が十分な演算能力を確保できるよう、さまざまな構想を立ち上げている。

data mining
[déitə máiniŋ]

データマイニング、データから情報を抽出すること

由来と使い方

「採鉱」を意味する mining はここでは、価値のあるものを探して回収することの例えとして使われている。会社が顧客データからパターンや傾向を見つけ出せば、マーケット戦略に活用したりできる価値ある情報となる。

使用例

"After an inquiry from Times reporters, Zoom said it would disable a **data mining** feature that could be used to snoop on participants during meetings without their knowledge." (New York Times)

タイムズの記者からの問い合わせを受けて Zoom 社は、ミーティング中の参加者について本人の知らぬうちに情報を探り出せるデータマイニング機能は無効化すると答えた。

---

deep learning
[díːp lɔ́ːrniŋ]

ディープラーニング、深層学習

由来と使い方

人間の脳の仕組みをモデルにしたコンピューターに学習をさせること。deep は、この種のコンピューターが、目的物を探し、発言を認識し、翻訳し、決定を下したりするために体系化もされずラベルも貼られていないデータの奥深くまで進んでいくことを表している。

使用例

"**Deep learning** unravels huge amounts of unstructured data that would normally take humans decades to understand and process." (Investopedia)

深層学習は、人間であれば普通、理解して処理するのに何十年とかかるような体系化されていない巨大な量のデータを解析する。

09 科学・技術

422 ☐☐☐
earthing
[ə́:rθiŋ]

アーシング、大地に直接触れる健康法

由来と使い方

電化製品の電流を地面に逃がす「アース」に由来。この場合のearthは「接地する」という意味の動詞。普段は服や靴に覆われている身体を、大地に直接触れさせることで体内にたまった不要な電磁波を放出する、という考えに基づいた健康法。はだしで外を歩く、地面に座る、地面に寝る、などの実践法がある。

使用例

"Advocates of **earthing**'s positive benefits point to a company-financed, eight-person study that found decreases in post-exercise muscle pain in subjects who spent evenings and nights grounded." (Wall Street Journal)

アーシングの好ましい効果を主張する人たちが挙げる例は、ある会社が出資して8人を対象とした研究で、夕方から夜にかけて地面に触れて過ごした被験者の、運動後の筋肉痛が減少したというものだ。

---

423 ☐☐☐
fatberg
[fǽtbə̀:rg]

ファットバーグ、下水管にたまった脂肪の塊

由来と使い方

fat（脂肪）とiceberg（氷山）の合成語。船乗りにとって大問題な氷山と同じく、fatbergも都市の下水施設を維持管理する人たちにとっては大問題だ。この比較的新しい言葉はおそらく多くの主要都市の下水インフラが老朽化して、増え続ける下水処理量に対応できなくなっていることを反映しているのだろう。

使用例

Stan says he read that there was a **fatberg** under one part of London with an estimated weight of 140 tons that was blocking the sewage pipes. Yuck.

スタンの読んだ記事に、ロンドンの地下のどこかだかに推定140トンもの脂肪の塊があって下水管を詰まらせたと書いてあったんだって。げえっ。

424 ☐☐☐

food tech
[fú:d ték]

フードテック
= food technology

由来と使い方
食品技術と言えば19世紀初めの缶詰の開発などが思い浮かぶが、食料生産全体のエコシステムにテクノロジーを活用することを考え始めたのはごく最近のことだ。食料の生産から調理・加工、配送、廃棄の削減などあらゆる面にテクノロジーが活用できる。

使用例
"While there has been a wave of innovation in **food tech** worldwide, it's still in early days for Africa. There are only a handful of African **food tech** startups, and a year and a half's worth of global pandemic has added a couple to that list." (techcrunch.com)

世界規模でフードテックの革新の波が起こっていたが、アフリカにおいてはまだ初期段階だ。アフリカのフードテック新興企業はまだ数えるほどだが、1年半に相当する世界的パンデミック期間でそのリストに2、3社が加わった。

---

425 ☐☐☐

Goldilocks planet
[góuldilàks plǽnit]

ゴルディロックス惑星、人間が居住するのにちょうどいい惑星

由来と使い方
おとぎ話の『3びきのくま』で、ゴルディロックスという名前の女の子が3つの器に入ったおかゆを味見して、熱すぎず冷たすぎない真ん中の器に入っているのが「ちょうどいい」と言って食べる場面に由来する。この子の名前は株式相場など他の文脈でも「ちょうどいい」ことの代名詞となっている。

使用例
The members of the research team at the observatory were excited because they'd found a **Goldilocks planet** that was roughly the same distance from its star as the Earth is from the sun.

天文台の研究チームのメンバーたちは、恒星からの距離が太陽・地球間とほぼ同じゴルディロックス惑星を見つけて興奮した。

09 科学・技術

426 ☐☐☐
GPT-3
[dʒíːpíːtí: θríː]

GPT-3
=generative pre-trained
transformer 3

由来と使い方
文章を作成する人工知能。GPT-3の3はこのツールの第3版を意味する。GPT-3が言語を作成する能力は今までのAIで一番だと考えている専門家もいる。GPT-3によって生成された文章はオンライン上で見ることができ、よく書けていることがわかる。

使用例
"Given any text prompt like a phrase or a sentence, GPT-3 returns a text completion in natural language. Developers can 'program' GPT-3 by showing it just a few examples or prompts." (openai.com)

句なり文なりどんなテキスト情報を与えられても、GPT-3は自然な言語で完成したテキストを返してくる。開発者はほんの幾つかの例か「プロンプト」を示すことでGPT-3を「プログラム」することができる。

---

427 ☐☐☐
hotspot
[hátspàt]

ホットスポット、Wi-Fi
スポット

由来と使い方
もともとは「活発な活動がある場所」を指す。肯定的意味で使うことが多いが、避けるべき場所という否定的ニュアンスを伴うこともある。近年は、Wi-Fiを使用したインターネットアクセスが可能な場所を指す。

使用例
I looked all over, but I couldn't find a WiFi **hotspot** anywhere near my hotel.

そこら中探したけど、私のホテル周辺ではWi-Fiのホットスポットはどこにも見つからなかった。

428 □□□
hydrogen engine
[háidrədʒən éndʒin]

水素エンジン

由来と使い方 | ガソリンの代わりに水素を燃焼させて動かすエンジン。以前から使われていた用語ではあるが、地球温暖化における化石燃料の影響が広く認知されていく中で、使用頻度が上がった。

使用例 | "Aquarius Engines have unveiled a new **hydrogen engine** that may make reliance on both hydrogen fuel-cells and fossil fuel a thing of the past." (Cision PR Newswire)
アクエリアスエンジン社は、水素燃料電池と化石燃料に対する依存を過去のものとするかもしれない新しい水素エンジンを発表した。

---

429 □□□
jailbreak
[dʒéilbrèik]

脱獄する、（スマートフォンなどの）制限を違法に解除する

由来と使い方 | アプリやネットワーク利用にかかる規制を苦々しく思うスマートフォンなどの利用者は多い。彼らはこの不自由さを監獄に例え、「脱獄」して自由になろうとする。この言葉を使っていることからして違法行為だと分かってやっているはずだが、彼らにとっては自由ファーストなのだろう。

使用例 | The smartphone manufacturer makes it next to impossible for users to download apps from other companies unless you **jailbreak** your phone.
スマートフォンのメーカーは、ユーザーが違法解除しない限り他社のアプリをほぼダウンロードできないようにしている。

09 科学・技術

430 ☐☐☐
machine learning
[məʃíːn lɔ́ːrniŋ]

機械学習

由来と使い方　コンピューターが、膨大な量のデータの学習を通してパターンを見つけ出し、判別や予測ができるようになっていくこと。この表現におけるmachineはコンピューターのことで、人間が学習することとの対比を意識して使われている。

使用例　The article noted that there has been a big increase in the use of machine learning in biological databases.
生物学のデータベースを使った機械学習が大幅に増加してきていると記事では述べられていた。

431 ☐☐☐
Messenger RNA (mRNA)
[mésəndʒər áːrénéi]

メッセンジャー RNA

由来と使い方　遺伝子のDNA鎖の1つを補完する一本鎖RNA分子。コロナウイルスのワクチンとして、ウイルスの「設計図」部分であるメッセンジャーRNAを使用したものが開発されたことにより、近年広く知られるようになった科学用語。

使用例　"The benefit of mRNA vaccines, like all vaccines, is those vaccinated gain protection without ever having to risk the serious consequences of getting sick with COVID- 19." (Centers for Disease Control)
mRNAワクチンの利点は、全てのワクチン同様、ワクチンを接種した人が、新型コロナウイルス感染症にかかって重症化するリスクを負うことなく防御が得られることだ。

432 □□□

phablet
[fǽblit]

ファブレット、スマホよりも大きくタブレットより小さなモバイル機器

由来と使い方 phoneと tabletを組み合わせて、「足して二で割ったもの」を表した語。スマホとタブレット両方を買う余裕のない消費者の多いアジア諸国のようなマーケットが元々は対象とされたらしい。サムソンのギャラクシーノートがよく知られた例。

使用例 Gillian says she prefers her **phablet** to a smartphone or a tablet because it combines the best features of each.

ジリアンは、スマホやタブレットより自分が使っているファブレットの方が、両方のいいとこ取りをしているので好きだと言う。

---

433 □□□

robo-advisor
[rábəædváizər]

ロボアドバイザー

由来と使い方 アルゴリズムを使って人間の監視を最小限にした財政計画サービスを提供するデジタルプラットフォーム。robo-call（自動音声通話）などと同様、映画 *RoboCop*（『ロボコップ』）をもじったものと言われている。人々が財務決定するのを中立で効果的な分析データをもとに手助けするロボアドバイザーの出現は、AIがいかに多くの仕事や職種を担うようになったかの現れでもある。

使用例 "**Robo-advisors** are an alternative to traditional financial advisors. They're usually a cheaper option." (thebalance.com)

ロボアドバイザーはこれまでの財政アドバイザーに取って代わるものだ。コストは低く抑えられるのが普通だ。

09 科学・技術

434 ☐☐☐
self-driving car
[sélfdràiviŋ káːr]

自動運転車

由来と使い方

人間が運転する必要のない、AI搭載の自動車。新しい概念ではないが、近年のコンピューター技術とAI技術の進歩により現実的なものとなってきた。その結果、この語はSF小説にあるようなあり得ない空想ではなくなった。

使用例

"**Self-driving cars** aren't here yet, and it will likely be years, or decades, before most Americans have access to the technology, which is still in development." (Wired)

自動運転車はまだ実現していないし、まだ開発中のこの技術を大半のアメリカ人が利用できるようになるまで、おそらく数年か数十年かかるだろう。

435 ☐☐☐
solid-state battery
[sálidstéit bǽtəri]

固体電池

由来と使い方

従来の電池に入っている液体の代わりに、固体電解質を使う電池。ハーバード大学の科学者が最近、エネルギー密度が高く充電の早い安定した固体電池を開発したことで、電気自動車がより実用的で手の届くものになる見込みがついた。

使用例

"Recent gains in **solid-state battery** technology have led certain major electric vehicle manufacturers to boost funding in the research and development of the new type of lithium-ion battery." (spglobal.com)

近年の固体電池技術の獲得が、大手の電気自動車メーカーが新しいタイプのリチウムイオン電池の研究開発への出資を推し進めることへとつながった。

436 □□□
STEAM
[stí:m]

STEAM
= science, technology, engineering, arts and mathematics

由来と使い方

学生の探求、対話、クリティカル・シンキングを導き促す「アクセスポイント」として、科学・技術・工学・芸術・数学の5つの分野を活用する、という教育概念。将来の経済繁栄はこれら5分野の確固たる知識を持った労働力が鍵になると考えられる。

使用例

"STEAM is an integrated approach to learning which requires an intentional connection between standards, assessments and lesson design/implementation." (Institute for Arts Integration and STEAM, artsintegration.com)

STEAM,は、基準、評価、授業計画 / 実施を意図的につなげるものを必要とする学びへの統合されたアプローチだ。

437 □□□
vertical farm
[və́:rtikəl fá:rm]

垂直農業

由来と使い方

環境管理された建物で、縦に苗床を積み重ねて育てる農法。増え続ける世界人口を限られた農地でいかに養うかという長期的問題の解決法として広く知られ始めている。伝統的な水平農法に対し、垂直農法はより小規模なスペースで多くの食物を生産できる。

使用例

"Vertical farms allow for a huge amount of food production across a fraction of the space required for traditional farming, which will increase your crop yields and production, while operating in a climate-controlled environment." (goldleaftech. com Technologies)

垂直農業は伝統的農業で必要とされるのに比べてごくわずかなスペースで大量の食料生産を可能にするので、土地当たりの収量や収穫高が増加する、それも温湿度管理された環境での作業をしながらだ。

09
科学・技術

438 □□□
wearable tech
[wέərəbl ték]

ウエアラブル・テクノ
ロジー

由来と使い方
装着可能な小さくて軽いデバイスを可能にするテクノロジー。アクセサリーとして身に着ける、布地に織り込む、あるいはユーザーの体に埋め込んだり入れ墨したり、といったことが考えられる。マイクロプロセッサーで充電し、インターネットでデータの送受信ができるのでハンズフリーで使用できる。

使用例
Elroy was an early adopter when it came to wearable tech. He was the first person I knew to buy an Apple Watch.

ウエアラブル・テックといえば何でも、エルロイは真っ先に取り入れたがった。私が知る限りでアップルウォッチを最初に買ったのは彼だ。

10

Insults / Compliments

侮辱言葉・
褒め言葉

日々の生活でネイティブが使っている侮辱言葉と褒め
言葉を集めました。特に、侮辱言葉を知らないと、人
間関係に支障を来しかねません。自ら使うことは避け
るべきですが、聞き取りのために覚えておきましょう。

439 ☐☐☐

afterism

[ǽftərìzm]

時間がたってからいい受け答えを思いつくこと

由来と使い方 | 会話のやり取りでうまい返しが出来たらと思うが、思いつくのは会話が終わった後、という経験は誰しもが持っている。これを表したフランス語が l'esprit d'escalier（階段での機知）。パーティーから引き上げる階段の途中で完璧な応答を思いつくが、時すでに遅し、というわけだ。

使用例 | Jill says she has a severe case of **afterism**. She says she thinks of witty comebacks to people's sarcastic or provocative comments only when she's about to fall asleep late at night.

ジルは自分が深刻な後から思いつき症だと言う。他人からの嫌味な、もしくは腹立たしい一言への気の利いた反撃を考えつくのが、やっと夜遅く眠りに就こうとする時なのだと。

440 ☐☐☐

all mouth and no trousers

[ɔ́:l máuθ ənd nóu tráuzərz]

口ばかりで行動が伴わない

由来と使い方 | 同じような意味を持つ all hat and no cattle（格好だけで中身がない）や、all bark and no bite（イメージや音だけで実体がない）ほどは一般的ではないが、そのバリエーションの一つ。

使用例 | Larry talks a lot about all his plans to get rich, but nothing ever comes of it. He's **all mouth and no trousers**.

ラリーは金持ちになるプランをいろいろと語るが、何一つ実行しない。口ばかりで行動が伴わないのだ。

441 ☐☐☐

amp'd
[ǽmpt]

非常に興奮した

由来と使い方 | 興奮し過ぎた人が全身に amperage（電流）が走っているかのように見えることに着想を得た語。amplify（増幅する）とも響きが似ているため、言葉に力強さが加わっている。

使用例 | I was so **amp'd** before the concert began that my hands were shaking and my feet were already tapping.
コンサートが始まる前からものすごく興奮してて、手は震え足はもう拍子を取り始めていた。

442 ☐☐☐

askhole
[ǽskhɔ̀:l]

人にアドバイスを求めておいて、決してそれに従わない人

由来と使い方 | 半タブー語の asshole のもじりで、意地の悪い響きがする表現ではある。しょっちゅう人の意見や忠告を求めてくるのに、それを行動に移す気のない人へのイライラ感が伝わってくる。

使用例 | Jackson is always asking my opinion about what stocks to invest in, but he never follows my advice for some reason. I guess he's just an **askhole**.
ジャクソンはいつもどの銘柄に投資したら良いかと私の意見を聞いてくるが、どういうわけか一度もそのアドバイスに従ったことはない。察するに意見だけ求めるアホらしい。

443 ☐☐☐
asshat ⚠

[ǽshæt]

ばか者、不快極まりない自己中心的な人

由来と使い方
「とんでもなくばかげている」ことを意味する have your head up your ass という表現に基づいた、asshole（尻の穴、大ばか野郎、嫌なやつ）からの派生語。

使用例
George always dominates the conversation when we all get together for drinks, and then never pays his share of the bar tab. What an asshat!

みんなで集まって飲んでいる時、ジョージはいつも会話を独り占めするくせに、自分の飲み代さえ払わないときてる。なんて不愉快なやつなんだ！

---

444 ☐☐☐
assholery ⚠

[ǽshouləri]

ばか者が取りがちなひどい振る舞い

由来と使い方
asshole は一般的な侮蔑語だが、これは比較的新しい言葉。-(e)ry は「〜の状態、〜による行為」を表す接尾辞。ばか者の行動の不愉快さを客観的に観る視線となり、単に人を asshole と非難するより辛辣さが和らぐ。

使用例
You wouldn't believe the assholery shown by Fred at the wedding reception. He drunkenly insulted almost all the other guests, and then vomited on one of the poor little bridesmaids.

結婚披露宴でのフレッドのひどい振る舞いときたら信じられないわ。酔っ払って他の客ほぼ全員を罵倒した挙句に花嫁の付き人の一人にゲロを吐いたの。

445 ☐☐☐

attention whore ⚠

[əténʃən hɔ́ːr]

目立ちたがり屋、注目を集めるためならなんでもやる人

由来と使い方 | ここでの whore（売春婦）の使い方は、どうしても注目を浴びたい人の挑発的言動や好ましくない活動を強調している。主に女性に対して使う、かなり失礼な表現。

使用例 | Mildred said and did some really outrageous things at the party last night. She is such an **attention whore**.

ミルドレッドは昨夜のパーティーで本当にバカみたいなことを言ったりやったりしてた。ひどい目立ちたがり女よ。

---

446 ☐☐☐

awesome

[ɔ́ːsəm]

素晴らしい、すごい、OK

由来と使い方 | 本来は「恐ろしい」という意味の単語だが、近年はどんな文脈であれ肯定的な意見を示すために乱用されている。現在では、感謝や会話のあいづちなどあらゆる目的で使われるようになっている。さらに、日常会話では名詞としても使用可能である。

使用例 | **A:** I'd like to book a table for five people this evening at seven.
B: Awesome. What's your phone number?

A：今晩 7 時に 5 人で予約を入れたいのですが。
B：オーサム。お電話番号は何番ですか？

447 ☐☐☐

BBW
[bíːbíːdʌ́bljùː]

大柄の美人
= big beautiful woman

由来と使い方
オンラインチャットや出会い系サイトで、自分の体型を大柄であると自認している女性によって使われる言葉。

使用例
"BBW seeks man who's looking for a curvy, glamourous woman to have dinner and maybe more with." (online dating ad)
BBWが、スタイルのいいグラマー女性をお探しの男性を求めてます。ディナーともしかしたらその後もご一緒に。

448 ☐☐☐

bestie
[bésti]

親友、心の友

由来と使い方
オンライン上で誰からともなく使い始められた単語。bestに "-ie" の接尾辞をつけることで、可愛く、親密な響きを持たせている。

使用例
Herman will be my bestie forever – nothing could possibly destroy our friendship.
ハーマンはこの先もずっと私の親友です——何もわれわれの友情を壊すことなんてできっこない。

449 ☐☐☐

BFF

[bíːéféf]

生涯の友
= best friends forever

由来と使い方　親友を表す表現は lifelong friend や friend forever などがあるが、BFF はどちらかというと女性が使う表現。SNS が、入力の手間を減らすために、新しい頭文字語を作りあげる土壌になっていることがよく分かる一例。

使用例　Rita says there is no such thing as a "**BFF**" – such a thing doesn't exist, she says rather cynically.

リタは生涯の友なんてものはないって言う──そんなもの存在しないと、かなりシニカルな言い方をする。

---

450 ☐☐☐

body-shamer

[bádiʃéimər]

ボディーシェイマー、肉体的外見をからかう人

由来と使い方　痩せている人、太っている人、いわゆる理想的体型から外れてる人に向けられるいじめ。セレブ信仰文化において顕著で、肉体美に高い価値を置く一方、メディアがイメージとしてつくり上げた「完璧な」肉体でない人たちにとっては激しいストレスの原因となる。

使用例　"Billie Eilish has seemingly responded to **body-shamers** who criticised her appearance after photos of the singer wearing shorts and a tank top circulated online." (Independent)

ビリー・アイリッシュは、短パンとタンクトップ姿の写真がネット上に出回ってから彼女の容姿を批判したボディシェイマーたちに反論したようだ。

451 ☐☐☐

bomb
[bám]

ひどいもの、素晴らしいもの

由来と使い方　もともとは「大失敗する」という意味の動詞だった。例：The movie bombed at the box office – no one wanted to see it.（その映画の興行は壊滅的だった。見たがる人はいなかった）。しかし、後に反対の意味を持つようになり、名詞でも使われるようになった。褒めているかけなしているのかは文脈で判断。

使用例　Man, I love your clothes! They're the bomb!
おっ、その服いいじゃない！ すっげーイケてるよ！

452 ☐☐☐

boomer
[bú:mər]

（1946 〜 64 年生まれの）ベビーブーム世代

由来と使い方　ニュージーランドの議員が、他の議員からヤジられたのに対して、"OK boomer" と答えたことで広まった。"OK boomer" というフレーズで使用されることが多いが、コロナ禍では高齢者の致死率が高かったことから boomer remover（ブーマー一掃）という非情な表現も使われた。

使用例　OK boomer, tell us ignorant young people for the millionth time why Led Zeppelin is the greatest rock band of all time.
オーケー、ブーマー、俺ら無知な若者に、なぜにレッド・ツェッペリンが最高のバンドなのか百万回目のご教示を願うよ。

453 □□□

bougie
[búːdʒiː]

ブルジョア気取りの

由来と使い方 | bourgeois（ブルジョア）の省略形。これ見よがしに派手派手しく金をかけた人や物を表す。実際には上流階級ではない者がうわべだけ気取って振る舞う様子を言い、俗物根性や空虚なうぬぼれを感じさせる。

使用例 | The most **bougie** thing she's done lately is to have a gold leaf-encrusted case custom-made for her iPhone.

最近の彼女の最高にブルジョア気取りの浪費は、金箔をあしらった iPhone 用ケースの特注だ。

---

454 □□□

bussin
[bʌ́sin]

とても良い、素晴らしい

由来と使い方 | 元々は食べ物が「すごくおいしい」ことを表現してアメリカの黒人コミュニティーで使われていた。近年は TikTok などの SNS で幅広く使われるようになった。

使用例 | Your lemon meringue pie is absolutely **bussin**! Can you please give me the recipe?

あなたが作ったレモンメレンゲパイ最高においしいね！ レシピを教えてくれない？

455 ☐☐☐

chav
[tʃǽv]

チャブ、無作法で反抗的な（労働者階級の）若者

由来と使い方
安っぽい派手なアクセサリーを身に着け、カジュアルなスポーツウェアを着た若者を指すイギリスの俗語。アメリカやカナダのメディアでも使われることがある。こうした言葉の持つ軽蔑的な本質は、イギリス社会に根付く階級差別から来ているようだ。

- -

使用例
This club used to be nice, but now it's full of stupid **chavs** who have turned it into a low-class dump.

ここは以前は良いクラブだったのに、今や頭の空っぽなチャブたちがたむろするおかげで、下層のゴミ溜めになってしまったよ。

456 ☐☐☐

cheese off
[tʃíːz ɔ́f]

イライラさせる、嫌な思いをさせる

由来と使い方
cheeseは普通、動詞として使われることはないが、ここでは piss off（人を怒らせる）の piss の代わりとして使われている。cheeseが使われるようになったことに理由はなく、おそらく他の1音節の言葉でも機能したはずだ。cheese offと言うときの顔の表情にイライラ感が出るので選ばれた可能性もある。

- -

使用例
Janet was so **cheesed off** with Ronald when she found that he'd drunk all her champagne.

ジャネットはロナルドが彼女のシャンパンを全部飲んでしまったと知って本当にむかついた。

457 ☐☐☐

cray

[kréi]

クレイジーな

由来と使い方 | 既知の言葉のキュートな変型ということで SNS で頻繁に使われるようになったものの一つ。この場合、元の crazy と意味的にはほとんど変わらないのもおかしな話だ。

使用例 | It would be so **cray** if you didn't know who the star of "Joker" was. Everybody knows that.
『ジョーカー』の主演が誰か知らないなんて、あり得ないでしょ。誰だって知ってるよ。

---

458 ☐☐☐

cuck

[kʌ́k]

弱腰の男性

由来と使い方 | cuckold（不貞の妻を持った男）から派生した表現で、何もできない受け身な男性を言う。穏健派や進歩的政治観を持つ男性に対して、軽蔑を込めて使われる。

使用例 | Bob called Erwin a "**cuck**" when Erwin said Bob's position on the immigration issue was racist.
ボブの移民問題で取る立場は人種差別主義だとアーウィンが言うと、ボブは彼を「腑抜け」と呼んだ。

459 ☐☐☐
deer in the headlights
[díər in ðə hédlàits]

ぼう然とした様子、
固まって立ちすくんだ
様子

由来と使い方
不意打ちを食らったり驚かされたりした人の、身動きが取れなくなった様子、または驚きに目を見開いた表情。夜の路上で前から来る車のヘッドライトに照らされた鹿が立ちすくむイメージに由来する。

使用例
She wore so much makeup – her eyes were the biggest I had ever seen. She looked like a **deer in the headlights**.

彼女の化粧はとても濃くて、今まで見たこともないくらい大きな目になっていたんだ。まるでヘッドライトに照らされて立ちすくんだ鹿みたいだったよ。

460 ☐☐☐
dude
[djúːd]

やあ、おまえ
男性に対する親しみを込めた
呼び掛け

由来と使い方
もともとは、身なりのいい礼儀正しい男性や、アメリカの都会生活者のことを意味していた。近年、広く男性を意味するようになり、guyやpal同様、男性への仲間意識を込めた言葉にシフトしてきた。

使用例
Hey, **dude**, good to see you! Like, what are you up to, man?

やあ、おまえ、久しぶりじゃないか！ それで、最近どうしてる、おい？

461 □□□
engrish
[íŋɡríʃ]

由来と使い方

総称的に広く使われるようになった語。特にネット上で、ネイティブスピーカーではない人たちが使うヘンテコ英語の例を投稿して面白がっている。東アジアに l と r の区別ができない人が多いことをからかって、わざわざこの2つを入れ替えてある。

使用例

Monty found a cafe in Japan that had "flied egg" on its breakfast menu, so he took a picture of it and posted it to engrish.com.

モンティは日本のカフェで、朝食のメニューに「flied egg」（正しくは fried）と書いてあるのを見つけたので、写真に撮って engrish.com. に載せた。

462 □□□
epic fail
[épik féil]

とんでもない大失敗

由来と使い方

日本のテレビゲームで、ゲームオーバー時のメッセージとして、おかしな英語で "You fail it!" と表示したことが始まり。"fail it" が fail（失敗）と縮まってネットスラングとなった。epic は「叙事詩的な、壮大な」の意。

使用例

Elvira bravely attempted to make a quadruple-layer pineapple upside-down cake, but it was an epic fail.

エルビラは果敢にも4層のパイナップルケーキを作ろうと試みたが、目も当てられない大失敗となった。

463 ☐☐☐

fat shaming
[fǽt ʃéimiŋ]

太った人をいじめたり
からかったりすること

由来と使い方
2013 年にアメリカ医療協会が肥満を病気と分類する決定をしたことから、太った人（別の言い方をすると a person with a larger body）に対する意識に変化が起きていて、侮辱的な態度を取ることは非難の対象となっている。

使用例
When Gladys pointed and laughed at the overweight man at Walmart, Ruth told her **fat shaming** was a cruel and nasty form of bullying.
ウォルマート・スーパーでグラディスが太り過ぎの男性を指さして笑ったとき、ルースは太った人を笑いものにすることは残酷でひどいいじめだと諭した。

464 ☐☐☐

feminazi
[fémà:tsi]

フェミナチ、過激なフェミニスト

由来と使い方
feminist（フェミニスト）と Nazi（ナチス）の合成語。フェミニストの中でも急進的で攻撃的なタイプを指す、強い侮蔑語。ハードコアなフェミニストはナチスと同じくらい不寛容で悪であるという考えの下にできた語である。

使用例
The woman who spoke at the demonstration was a total **feminazi**. She said all men were rapists and should be castrated.
デモでしゃべってた女はまったくのフェミナチだった。男は皆、強姦魔だから去勢されるべきだと言ったのだ。

465 ☐☐☐
from hell
[frəm hél]

最悪の、まったくひど
い、胸くその悪くなる
ような

由来と使い方 | 英語の慣用表現に宗教的比喩がいかに多く残っているかの好例。しかしながら、自分は信心深いと思う現代人はどんどん少なくなっている。

使用例 | I'll never go to that restaurant again. The food was so awful – it was truly a restaurant **from hell**.

あのレストランには金輪際行かないよ。あんなにまずいものを出して──本当に最悪のレストランだった。

466 ☐☐☐
fugly ⚠
[fʌ́gli]

とんでもなく醜い

由来と使い方 | fucking (いまいましい) と ugly (醜い) が合わさった半タブー言葉。

使用例 | His girlfriend isn't just unattractive – she's 100 percent **fugly**.

あいつの彼女は不美人なんてもんじゃない──100パーのブスだよ。

467 ☐☐☐

fun sponge
[fʌ́n spʌ́ndʒ]

人の楽しみを邪魔する人

由来と使い方 fun（楽しみ）がスポンジによって吸い取られるように失われてしまうさまを生き生きと描写する表現。同じように写実的な表現であるkilljoy（楽しみに水を差す人）に代わる、現代バージョンと言える。

使用例 Sorry to be a fun sponge, kids, but I'd appreciate it if you didn't play catch on my newly seeded lawn.

お楽しみの邪魔をして悪いんだけど、君たち、種をまいたばかりのうちの芝生でキャッチボールはやめてもらえるとありがたいな。

468 ☐☐☐

gobshite ⚠
[gɑ́bʃàit]

くだらないことばかり言うやつ、間抜け、ばか者

由来と使い方 元々はアイルランドのスラングで、「口」を意味する粗野な単語gobと、shitを和らげたshiteを合わせた語。口からたわごとが出てくる、つまり「くだらないことを言う人」という発想。

使用例 Don't waste your time paying attention to that idiotic gobshite's nonsense. He has no idea what he's talking about.

あの頭の空っぽな能なしのたわごとに気を取られて時間を無駄にするなよ。自分が何を言ってるのかもわかっちゃいないんだから。

469 ☐☐☐

grammar Nazi

文法ナチ

[grǽmər nάːtsi]

由来と使い方
他人の文法の間違いに目を光らせて容赦なく指摘する人。日本語でも他人のあらを探して非難する人を「××警察」などと呼ぶが、「ナチ」という非常に侮辱的なレッテルを、批判とからかいの念を込めて面白半分に使っている例。

使用例
I'm afraid of making mistakes when I write emails to Henry, because he's a such a **grammar Nazi**.

ヘンリーにメールを書くときは間違ったらどうしようとビクビクしちゃう、だって彼って文法ナチじゃん。

---

470 ☐☐☐

gym rat

ジムに入りびたる人

[dʒím rǽt]

由来と使い方
比喩的に使われるときの rat は「裏切者」「汚いやつ」といった軽蔑的な意味。しかし、gym rat の場合、特定の場所にこもって長い時間過ごす人を表している。同様の表現に mall rat（ショッピングモールに入りびたる人）がある。

使用例
Fred works out at the gym for at least an hour every day. He's a total **gym rat**.

フレッドは毎日1時間以上ジムで運動している。彼は紛れもないジム中毒だ。

471 ☐☐☐

hater
[héitər]

何でも憎む人、とてもネガティブな人

由来と使い方 | 憎む対象を付けて ~-hater (〜嫌い) と使うほか、単に hater と言った場合は、何に対しても極端にネガティブで批判的な態度ばかり取る人を指し、オンラインの議論や SNS で使われる。

使用例 | **You can try to be as conciliatory and nice as you can, but a hater's always going to hate. That's their nature.**
出来る限りとりなしたり優しく接したりしても、ヘイターってのは常に憎しみで返してくる。 それが彼らの本質なんだ。

472 ☐☐☐

ho ⚠
[hóu]

売春婦、あばずれ

由来と使い方 | whore を短くした語で、性的関係が乱れていると認識される女性に対して使われる、性差別主義者による侮蔑語。アメリカ黒人コミュニティーで使われ始めたとされており、ラップ音楽の歌詞の中で広く使われたことで一般化した。

使用例 | **That Cheryl is a total ho. I mean, I hear she fucked all the guys on the football team.**
あのシェリルって女はまったくの売女だな。フットボールチームのやつら全員とヤッたんだってよ。

473 □□□
janky
[dʒǽŋki]

質の低い、信頼できない

由来と使い方

かなり最近のスラングで出所は不明だが、junk（ガラクタ）がベースとなり、そこに "-y" をつけて形容詞にしたのではないかと思われる。薬物中毒者、特にヘロイン中毒者を意味する junky/junkie とも語感が近いが、こちらは ja- で始まる。

使用例

That place where Marie lived after her divorce was a real **janky** hellhole; I thought she had more class than that.

マリーが離婚後に暮らしたあの場所はまさにごみ溜めのような場末だった。彼女はもう少し品があると思ってたのだが。

---

474 □□□
Karen
[kǽren]

カレン
人種差別的で自己主張の強い白人女性

由来と使い方

自らの要求を通すために過度な主張をし、白人特権を使う、しばしば人種差別的で怒れる白人の中年女性を表す。カレンという名前は 1960 年代生まれの白人女性に多い名前であることから、代名詞的に使われる。男性版は Ken、Kyle、Kevin などのバリエーションがある。

使用例

"The archetypal '**Karen**' is blonde, has multiple young kids, and is usually an anti-vaxxer." (Vox)

「カレン」の典型的イメージは、ブロンドで、子だくさん、そして大抵はワクチン接種反対論者である。

475 ☐☐☐

knob
[náb]

不愉快なやつ

由来と使い方 少年や男性に対して使われる語。おそらく男性外性器の婉曲表現としての knob から派生したのだろう。ペニスのスラング表現である dick が「嫌なやつ」という意味を持つのにも通じる。

使用例 Larry is such a stupid **knob** – he didn't wipe his shoes before he came into my house, and tracked dirt all over the white carpet.
ラリーは本当にばかで不愉快なやつだ。うちに来て家に入る前に靴の汚れを取らないものだから、白いカーペットのそこら中に汚れをつけて回ってくれたよ。

476 ☐☐☐

libtard
[líbtà:rd]

間抜けなリベラル

由来と使い方 liberal（進歩的な）の lib- と、retard（知的発達の遅れた人）の -tard を合わせた語。右翼の反動主義者がリベラル思想の人をおとしめようとして使う、ひどく攻撃的で不快な言い方。

使用例 "Why 'Libtard' is Lazy and Offensive" (headline, Anchorage Press)
「間抜けなリベラル」が怠惰で攻撃的なわけ

477 □□□
mansplain
[mǽnsplèin]

由来と使い方 | man（男性）と explain（説明する）の合成語。男性が女性に対して見下したような態度で、自信過剰に説明しようとすること。ときに不適切なやり方で説明することもある。

使用例 | Deirdre resented the way Derek **mansplained** to her whenever they talked about the company's IT system.

ディアドレは会社のITシステムについて話すたびに、デレクから偉そうに解説されることに憤慨した。

---

478 □□□
manspreader
[mǽnsprèdər]

脚を大きく開いて座る男性、自己中な迷惑男

由来と使い方 | 読んで字のごとく、たとえ地下鉄が混んでいて席がない状況であろうとも、脚を開いて座席を大きく占領する自己中心的な男を指す。manspread で「（男性が）脚を広げて座る」という意味の動詞としても使う。

使用例 | Even though the pregnant woman was standing in front of him and was visibly tired, the **manspreader** kept his legs stretched so wide apart that she couldn't sit in the empty seats on either side of him.

妊娠中の女性が目の前に立っていて明らかに疲れた様子だったにもかかわらず、その大股開き男が脚を大きく広げたままだったので、左右どちらの空席にも彼女は座れなかった。

479 ☐☐☐

maskhole
[mǽskhòul]

コロナ禍でもマスクを
つけないばか者

由来と使い方
ほぼ自然発生的に登場した新語の好例だ。分別のある人であれば、パンデミック中に店の中などでマスクをしないやつは asshole（周りを困らせるばか者）だということに異論はないだろう。そこで mask が asshole と合体して表現豊かなこの語に仕上がった。

使用例
Steve makes a point of taking photos of 'maskholes' on the subway. He wants people to realize how irresponsible it is to not wear a face mask in a crowded environment like that.

スティーブは地下鉄でマスクなし野郎を見つけると写真を撮ることにしている。そんな人混みの中でマスクをしないのがどんなに無責任なことか自覚してもらいたいからだ。

480 ☐☐☐

mouthbreather
[máuθbrì:ðər]

間抜けな人、知的で
ない人

由来と使い方
直訳は「口呼吸する人」。ぽかんと口を開けたままでいる人をからかった、かなり残酷な表現。そこには、しつけや行儀作法が欠如しているという考え方がある。同様に人を粗野で知的でないと見下す表現に、knuckle-dragger がある。

使用例
Brian is such a brain-dead **mouthbreather**. Just one look at his face and you know he's got a low IQ.

ブライアンは無能な間抜けだよ。顔をちらっとでも見たら IQ の低いやつってことがわかる。

481 □□□

normie

[nɔ́ːrmiː]

普通の人

由来と使い方 主流の文化トレンドから外れることなく、月並みな標準的価値観や趣味を持つ人。normal（普通の）の最初の音節 norm- に、かわいくする接尾辞 -ie を付けて出来た語。かわいくも、フレンドリーにも聞こえる。

使用例 Alfred is such a **normie**. He's afraid to stand out from the crowd and only follows trends once everyone else follows them.

アルフレッドはすごく普通の人。周りから目立つのが怖くて、流行に乗るのもみんなが乗ったなとわかってから。

---

482 □□□

nothing burger

[nʌ́θiŋ bɔ́ːrgər]

何も挟まっていないバーガー、価値のない物・人、なんでもないこと

由来と使い方 1950 年代ハリウッドのゴシップ記事で使われたのが始まり。バンズの間に何も入っていないハンバーガーはイメージが鮮烈だ。この表現が再び脚光を浴びたのは、トランプ政権に入ってから。例えば、2016 年の選挙活動にかかわるロシア疑惑を「実体のない言いがかり」だとと主張するのに使われた。

使用例 "President Donald Trump's personal lawyer Rudy Giuliani says when the public reads the transcript of the call between his client and the president of Ukraine 'you're going to say it's a big **nothing burger**.'" (AP)

ドナルド・トランプ大統領の個人弁護士ルデイ・ジュリアーニ氏が言うには、一般大衆が彼の顧客（トランプ）とウクライナ大統領の間で交わされた電話の文字起こしを読めば、「大げさだが中身のないバーガーだと言うはずだ」とのことだ。

483 ☐☐☐

numpty
[nÁmpti]

おばかな、間抜けな

由来と使い方 | 2007 年にある調査で、スコットランドのお気に入りの単語であるという結果がでた。この半分愛情のこもった言葉は、「ばか者」を意味する古い表現の numps から来ている。

使用例
A: We made the dinner reservation for Thursday, remember?
B: That's our wedding anniversary, you silly **numpty**!

A: 木曜日にディナーの予約を入れたの、覚えてる？
B: 私たちの結婚記念日でしょ、おばかさん！

484 ☐☐☐

off the chain
[ɔ́ːf ðə tʃéin]

常軌を逸した、驚くほど良い、束縛のない

由来と使い方 | 「鎖から外れた」という意味から派生した比較的新しい表現ではあるが、奴隷が鎖で繋がれて働かされた時代からの歴史的ルーツがあるようだ。あるいは、散歩紐から解かれる犬をイメージしているという説もある。

使用例
The wedding party was incredibly fun and crazy – it was totally **off the chain**!

結婚披露宴は信じられないくらい楽しくてはちゃめちゃだった――まさに無礼講だったね。！

485 ☐☐☐

on fleek
[ɔ́n flíːk]

（外見、化粧が）とてもいい、素晴らしい

由来と使い方
2003年ごろに賛同の気持ちを表すのにぴったりな表現として広まっていた。その後 VINE というソーシャルネットワーキングであるユーザーが眉についての言及で使ったことによって眉毛に特化して使われるようになった。

使用例
Many people make fun of Paula's thick eyebrows, but her friends say they're **on fleek**.

ポーラの濃い眉毛をからかう人も多いが、彼女の友人たちはあれがすごくいいんだと言っている。

---

486 ☐☐☐

phub
[fʌ́b]

電話に目を向けて目の前の人を無視する

由来と使い方
phone と snub（冷遇する、無視する）の合成語。目の前の人を無視するという失礼でわがままな振る舞いについて、皮肉を込めて冷笑的に表現した言い方である。

使用例
I was trying to explain my difficult personal situation to Bob, but just as I was starting to get really emotional, he **phubbed** me by taking a call from his stockbroker on his smartphone.

ボブに私の個人的な窮状を説明しようとして、まさに感情的になり始めたところで、彼は株の仲買人からスマホにかかってきた電話を取って私をシカトした。

487 ☐☐☐
POS ⚠
[píːòués]

クズ野郎
= piece of shit

由来と使い方

文脈によっては、全く異なった意味になることもある頭文字語の一例。もしオンラインのディスカッションで誰かが a POS と呼ばれていたら、それはこの「クズ野郎」という意味である。しかし、販売業界では point of sale（販売時点情報管理）を指す。使い方には要注意！

使用例

Earl is a no-good cheating scumbag – a real POS.
アールはひでえイカサマ悪党だ——紛れもないクズ野郎だな。

488 ☐☐☐
precrastinator
[prəkrǽstəneìtər]

仕事を必要以上に迅速に行う人

由来と使い方

できるだけ仕事を遅くしようとする人を意味する procrastinator をうまくひねった言葉。仕事が早いのは肯定的に聞こえるが、より大きく面倒な仕事を後回しにするために precrastinate する人がいることを表すのにも使われていそうだ。

使用例

Lori is an expert **precrastinator**. She's always busy doing little chores around the house and says she's too busy to think about major projects like paving the driveway.
ロ‐リは仕事をとにかく早く済ませる達人だ。いつもこまごました家事をするのに忙しい。忙し過ぎて車庫までの私道の舗装といった大仕事を考えるなんてできないと言う。

489 □□□

props

[práps]

払われるべき敬意、
称賛

由来と使い方 | proper dues（当然の評価）を短くした俗語。より親しげで会話的な印象を与える。

使用例 | "China did get **props** for building two hospitals in just over a week." (headline, New York Times)
中国はわずか1週間余りの間に2棟の病院を建てたことで称賛を浴びた。

---

490 □□□

rock star

[rák stá:r]

（ロックスターのように）すごい人

由来と使い方 | 何か優れた事や立派なことをして、称賛に値する人。ロックスターがまるで神のように崇められるという発想から、少々のからかいや皮肉を込めて使われる大げさな褒め言葉。

使用例 | Dude, you only got three hours of sleep after partying hard and then you did a full day's work – you're a real **rock star**!
おまえ、パーティーで激しくお楽しみの後3時間しか寝ないで、よくフルタイムで働けたよな——まんまロックスターじゃん！

491 ☐☐☐
sheeple
[ʃíːpəl]

従順な人々

由来と使い方　sheep（羊）と people（人々）の合成語。集団の中で従順で調和的な態度で振る舞う人々。自分の考えがなく、御しやすい、影響を受けやすい、といったイメージがある。

使用例　The populist demagogue relies on the unthinking, uncritical support of the **sheeple** who are his loyal supporters.
そのポピュリズム扇動家は、彼の忠実な支持者である無思考、無批判の羊のような人たちの支援が頼みだ。

492 ☐☐☐
shite ⚠
[ʃáit]

クソ、くだらないこと

由来と使い方　素晴らしく万能な語 shit のイギリス口語版。たわごと、うそなどを指して、shit と言うより shite と言った方が、いくぶん攻撃性が和らぎ、深刻度も低く済む。

使用例　Man, everything the president says is total crap. What a load of **shite**!
まったく、大統領の言うことはどれもたわごとだ。クソのてんこ盛りだよ！

493 □□□

skank ⚠

[skǽnk]

ふしだらな女、けばい女

由来と使い方: 性格や行動に問題のある下品な女性を言う。もともとはイギリスで使われていたスラング。それが大西洋を渡り、今では北米で半タブー語としてかなり一般的になっている。

使用例:
The girl that Carl was going out with last year was a real **skank**. To say she was promiscuous would be an understatement.

カールが去年付き合ってた女はひどいあばずれだった。尻軽なんて言葉じゃ足りないよ。

494 □□□

smombie

[smάmbiː]

歩きスマホをする人、スマホゾンビ

= smartphone zombie

由来と使い方: 周囲や他の人の存在は目に入らず、自分のスマートフォンの画面だけを見ながら歩いている様子が、フラフラと歩き回るゾンビに似ていることから。

使用例:
I was walking along the subway platform when a stupid **smombie** walked in front of me and caused me to trip over their foot.

地下鉄のプラットホームを歩いてたら、ばかなスマホゾンビが前に現れて、そいつの足につまずいちゃったよ。

495 ☐☐☐

snatched
[snǽtʃid]

すごくいい、魅力的な

由来と使い方
黒人のドラァグカルチャー発の語。彼らは女装用のカツラ（weave）をかぶっていて、何かがとても素晴らしいと、脱帽する代わりに snatch one's weave off（カツラをさっと脱ぐ）ことから。

使用例
When Jack walked into the room at the party, wearing his new suit, Betty said he looked well and truly **snatched**.

ジャックが新しいスーツを着てパーティーの部屋に入ってくると、ベティーは、彼ってかっこ良くって心底グッとくるわ、と言った。

---

496 ☐☐☐

snowflake
[snóuflèik]

雪の一片、雪の結晶、繊細過ぎる人

由来と使い方
簡単に傷ついたり腹を立てたりする過剰に繊細な人という意味で、よく政治的にリベラルな見解を持つ人々を侮辱するのに使われる。リベラル派は繊細で、雪の結晶のように傷つきやすい、という考えに基づく。

使用例
Please don't be too hard on Ruth. She's a tender little **snowflake**, and she'll be so hurt and depressed if you criticize her.

ルースにそんなにきつくあたらないで。彼女はか弱い雪のかけらみたいな人なんだから、批判なんかしたら深く傷ついて落ち込んじゃうじゃない。

497 ☐☐☐

STFU ⚠
[éstíːéfjúː]

黙れ
= shut the fuck up

由来と使い方
タブー語（ここでは fuck）を含む表現を、ショッキングにならないよう和らげて伝える例。特に文字数に制限があり簡潔さが求められるツイッターなど、オンラインのやりとりで主に使われる。

使用例
A: Anyone who doesn't support our great leader is a traitor and a pathetic loser.
B: STFU, you brain-dead moron!

A: われらが偉大な指導者を支持しないやつは売国奴で哀れな負け犬だ。
B: 黙れ、能なしの馬鹿野郎が！

---

498 ☐☐☐

swag
[swǽg]

自然な自信、かっこよさ、イカしたファッションセンス、スタイル

由来と使い方
最近再びおしゃれに使われるようになった古い英語。confidence（自信）や cool（ものすごくかっこいいこと）の同義語として主に使われている。物品を指す場合は「盗品、不正に入手したもの」という意味もあるが、プロモーショングッズのような「無料プレゼント品」を指す場合もある。

使用例
"Check out my **swag**, yo, I walk like a ballplayer" (rapper Jay Z)
俺のスタイルを見てみろよ、おい！ 野球選手みたいな歩き方だろ。

10
侮辱言葉・褒め言葉

499 □□□
wackadoodle
[wǽkədùːdl]

> 奇抜な人、まともで
> ない人

由来と使い方 文脈にかかわらず、滑稽で子供っぽさがあり、くだらなく聞こえる単語の一つ。wack は wacky（変な）から来ている。一方で、doodle に特に意味はなく、言及されている人や物がばかげていることを強調するために加えられている。

使用例 I can't believe how silly and childish Erwin is. He's a real **wackadoodle.**

アーウィンって信じられないぐらいおバカで子供じみてる。正真正銘のワッカドゥードゥルだわ。

500 □□□
walk and chew gum
[wɔ́ːk ənd tʃúː gʌ́m]

> 2つの作業を同時に
> する、マルチタスクを
> こなす

由来と使い方 ジョンソン大統領が当時のフォード下院議員（後の大統領）を「（あまりにも頭が悪くて）ガムをかむのと歩くのを同時にできない」と評したことで知られるフレーズ。以来、人を見下すのに使われていたが、最近では侮蔑的な意味合いから脱却し、マルチタスクの比喩として用いられることが多い。

使用例 "Susan Rice: 'We have to **walk and chew gum** at the same time' on national security" (headline, Washington Post)

スーザン・ライス：国家の安全保障に関しては「歩くのと同時にガムをかむ必要がある」

索引【A-B】

索引【B-D】

索引 【D-G】 ページ

索引【T-Z】

スティーヴ・マックルーア
Steve McClure

東京を拠点とするフリーランスのジャーナリスト、ナレーター。カナダのバンクーバー出身。1985 年から日本在住。1998 年に日本のポップミュージックに関する初の英語書籍「Nippon Pop」を刊行。2005 年には日本の音楽に関するインターネット上の主要な情報源である nippop.com の設立にも携わった。1999 年から 2008 年までビルボード誌のアジア支局長を務めた。2008 年からは、NHK のラジオ番組「実践ビジネス英語」や「現代ビジネス英語」で杉田敏氏との仕事に携わる。2010 年からは NHK ワールドでテレビニュースや特集のリライターとして活躍している。

これからの英単語

2021 年 11 月 18 日（初版）

著者　スティーヴ・マックルーア

編集　株式会社アルク出版編集部
編集協力　中矢理枝／挙市玲子
校正　Peter Branscombe ／濵田啓太
ブックデザイン　長尾和美（Ampersand Inc.）
ナレーション　Steve McClure

音声編集　一般社団法人 英語教育協議会（ELEC）
DTP　株式会社秀文社
印刷・製本 株式会社シナノ

発行者　天野智之
発行所　株式会社アルク
〒 102-0073 東京都千代田区九段北 4-2-6 市ヶ谷ビル
Website：https://www.alc.co.jp/

ご購入いただいた書籍の最新サポート情報は、
以下の「製品サポート」ページでご提供いたします。
製品サポート :https://www.alc.co.jp/usersupport/

地球人ネットワークを創る

アルクのシンボル
「地球人マーク」です。